AF389044

L'ORIGINE DE LA BASILIQUE LATINE

1911

L'ORIGINE DE LA BASILIQUE LATINE, PAR R. LEMAIRE

Réimprimé des *Annales de la Société d'Archéologie de Bruxelles*, t. XXV, 1911.

VROMANT & C°, ÉDITEURS

RUE DES PAROISSIENS, 24, A BRUXELLES

RUE DANTE, 5, A PARIS

INTRODUCTION

Dès que parut, au début du IVe siècle, l'édit de l'empereur Constantin consacrant la liberté du christianisme, on vit surgir, dans les diverses parties de l'Empire, de nombreux édifices voués au culte nouveau. L'engouement pour la construction des églises résulte des nécessités urgentes qui se manifestèrent au lendemain du triomphe de la foi, mais il n'explique pas pourquoi toutes les églises, en Orient, en Italie et en Afrique, sont bâties d'après un programme identique et suivant un modèle invariable, connu en archéologie sous le nom de *basilique latine*.

Ce type architectural ne s'acclimata jamais complètement en Orient ; mais dans les pays occidentaux il s'imposa à un tel point qu'il demeura et qu'il est encore aujourd'hui le modèle par excellence de l'église chrétienne. Sans doute, il s'est modifié au cours des siècles, s'élargissant et se développant suivant les perfectionnements de l'art de bâtir, pour atteindre sa forme la plus parfaite dans les admirables cathédrales gothiques. Même dans certains pays, comme l'Italie, la forme primitive ne subit guère de transformations ; la disposition et le plan originels se conservent à travers toute l'histoire, et si les architectes s'en sont écartés parfois, pendant les derniers siècles, ils y sont revenus presque unanimement de nos jours.

La basilique latine a donc exercé une influence marquée sur l'extension de l'art religieux en Occident et elle occupe, dans l'ensemble de l'archéologie, une place qui ne le cède en importance à aucun autre type architectural. Aussi les historiens se sont-ils appliqués à étudier ses caractères, à expliquer les différentes

"

étapes de son évolution et surtout à retrouver son origine. Mais ici des divergences de vues s'accentuent et, depuis trois quarts de siècle surtout, quantité d'hypothèses se sont essayées à expliquer l'apparition de cette forme d'édifice que l'on voit s'élever sur les ruines accumulées par la dernière persécution et qui semble avoir, avec les types antérieurs, des attaches trop faibles pour justifier une dépendance.

Dans les pages qui suivent, nous présentons au lecteur le fruit des études que nous avons été amené à faire dans ce domaine.

CHAPITRE I

LES CARACTÈRES DE LA BASILIQUE LATINE

Avant de discuter les modalités d'une chose, il est nécessaire de se mettre d'accord sur sa nature. Pour trouver l'origine des basiliques, il faut donc déterminer, aussi exactement que possible, les caractères de ces édifices, non pas à un moment quelconque de leur existence, mais à leur début, au IVe siècle.

Malheureusement, si les documents archéologiques de cette époque sont assez nombreux, ils sont loin d'être intacts; la plupart ont subi des remaniements considérables. Il est donc indispensable — pour éviter des considérations basées sur l'examen de constructions modifiées ou développées au cours des siècles suivants — d'interroger les vestiges des églises construites immédiatement après la paix constantinienne. Il est vrai que, dans ce domaine, la science possède déjà des données nombreuses. La plupart des édifices ont été étudiés par des archéologues érudits et il suffira de rappeler brièvement les principales églises qui ont, pour notre sujet, un intérêt documentaire.

Eusèbe et d'autres écrivains contemporains rapportent que, durant le règne de Constantin et pendant tout le IVe siècle, un nombre très considérable d'églises furent édifiées dans toutes les provinces de l'Empire. La plupart de celles qui furent bâties par Constantin lui-même ont disparu, mais leurs traces ou des documents graphiques permettent d'en reconstituer, au moins, les dispositions générales.

Voici les plus intéressantes à notre point de vue :

L'archibasilique du Sauveur (Saint-Jean de Latran) est la plus ancienne et la plus vénérable de toutes. Jusqu'au commencement de l'Empire, l'emplacement de cette église était

L'ORIGINE DE LA BASILIQUE

LATINE, PAR R. LEMAIRE

Professeur à l'Université de Louvain

Réimprimé des *Annales de la Société
d'Archéologie de Bruxelles*, t. XXV, 1911.

VROMANT & C°, ÉDITEURS

RUE DES PAROISSIENS, 24, A BRUXELLES

RUE DANTE, 5, A PARIS

milieu avait 16 mètres de large sur 87 mètres de long. Elle
aboutissait à un vaisseau transversal ou transept, qui formait
le sanctuaire de l'église et, sous l'arcade triomphale qui s'ouvrait
entre les deux parties, se dressait l'autel papal, simple table

FIG. 2. INTÉRIEUR DE LA BASILIQUE DE SAINT-JEAN DE LATRAN.
AU MOYEN AGE. (D'après Grisar, *Histoire des Papes*.)

surmontée d'un ciborium d'argent porté par quatre colonnes.
Dans l'axe de la nef centrale et terminant l'église du côté ouest,
se voyait l'abside ou exèdre semi-circulaire. Au fond s'érigeait
le trône du Souverain Pontife, entouré de bancs en hémicycle,
destinés au clergé.

L'ORIGINE DE LA BASILIQUE LATINE

L'extérieur de ce vaste édifice était d'une grande simplicité. La nef principale était couverte d'une toiture à double versant et chacun des bas-côtés d'un appentis. De part et d'autre, des fenêtres percées dans les murs gouttereaux éclairaient directement la grande nef. L'édifice recevait encore le jour par la façade et par les extrémités des croisillons, mais les bas-côtés étaient probablement dépourvus de toute lumière directe.

En revanche, l'intérieur (fig. 2) était décoré avec richesse; trente-six énormes colonnes antiques à chapiteaux corinthiens ou ioniques portaient la superstructure de la nef principale, tandis que les bas-côtés s'appuyaient sur des colonnes de moindre module, en vert antique. On peut encore voir sur le tableau de Saint-Martin des Monts qu'elles sont en plus grand nombre qu'à la nef principale et qu'il fallut les élever sur des piédestaux pour leur donner la hauteur nécessaire. Ces détails témoignent un manque de soin et une hâte exagérée dans la construction.

Les nefs et le transept étaient couverts d'une simple charpente, cachée par un beau plafond caissonné.

Le chœur était surélevé de six degrés au-dessus du pavement des nefs et l'abside, voûtée en cul-de-four, était entièrement revêtue de belles mosaïques. La splendeur de la décoration en marbre, en métaux précieux et en mosaïques multicolores fit, du reste, donner à l'église le nom de *Basilica aurea*.

L'église Saint-Jean de Latran fut probablement la seule que Constantin construisît à l'intérieur des murs de Rome; les autres sont des basiliques suburbaines ou cimetériales, élevées sur l'emplacement des tombeaux des grands martyrs. La plus célèbre d'entre elles est la *basilique de Saint-Pierre au Vatican.* Elle fut érigée sur l'emplacement du cirque de Néron, à côté de la via Cornelia, au-dessus du cimetière où fut vénéré de tout temps le tombeau du prince des apôtres. Démolie au xve et au xvie siècle, elle fut remplacée par l'œuvre grandiose de Bramante et de Michel-Ange. Mais les descriptions et les documents graphiques fournissent des renseignements précieux au sujet de l'église primitive.

Orientée vers l'ouest, celle-ci était précédée d'une place, le *campus sancti Petri*, et d'un vaste atrium rectangulaire (fig. 3) entouré de portiques des quatre côtés. Au centre jaillissait une fontaine,

L'ORIGINE DE LA BASILIQUE LATINE

1911

FIG. 4. ÉGLISE SAINT-PAUL HORS LES MURS A ROME, AVANT L'INCENDIE.
(D'après Grisar, *Histoire des Papes*.)

L'*église Saint-Paul hors les Murs* (fig. 4) fut édifiée également par Constantin sur le lieu de sépulture de l'Apôtre, au bord de a voie d'Ostie. C'était primitivement une construction de peu d'importance, précédée d'un petit atrium et comportant trois nefs à colonnes, un narthex intérieur et une abside semi-circulaire, s'ouvrant directement sur la nef centrale, sans l'intermédiaire d'un transept.

On a retrouvé, en 1834 et en 1850, les fondements de cette église, qui, devenue trop petite, fut démolie par Théodose et

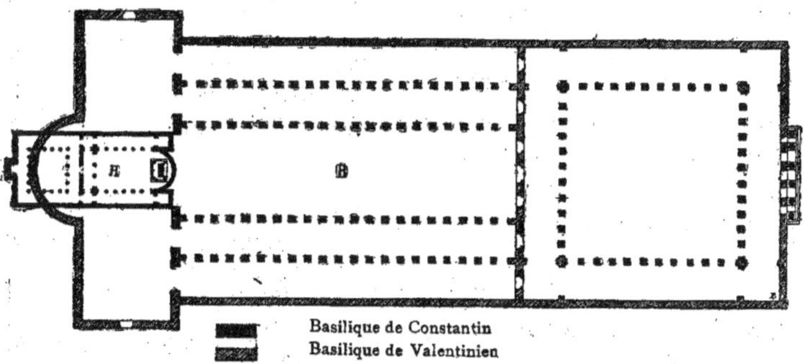

FIG. 5. PLANS SUPERPOSÉS DES DEUX BASILIQUES DE SAINT-PAUL
HORS LES MURS, A ROME.

Fig. 6.

Intérieur de la Basilique de Saint-Paul hors les Murs avant l'incendie.

Fig. 7.

ÉGLISE SAINTE-AGNÈS HORS LES
MURS A ROME. ÉTAT ACTUEL.

Valentinien II en 386 et remplacée par un imposant édifice ayant à peu près les dimensions et la disposition de l'église primitive du Vatican (fig. 5). Il comprenait un vaste atrium, entouré de magnifiques colonnes cannelées et cinq nefs dont les colonnes provenaient de la basilique Émilienne. Le transept était très large et l'abside y était immédiatement attenante. Le tombeau et l'autel restèrent en place, mais l'orientation de l'édifice fut renversée, le sanctuaire étant disposé non plus à l'ouest, mais à l'est; la *schola cantorum* et la *pergula* de la première basilique demeurèrent en place et se trouvèrent ainsi derrière l'autel. Restauré par les papes Symmaque

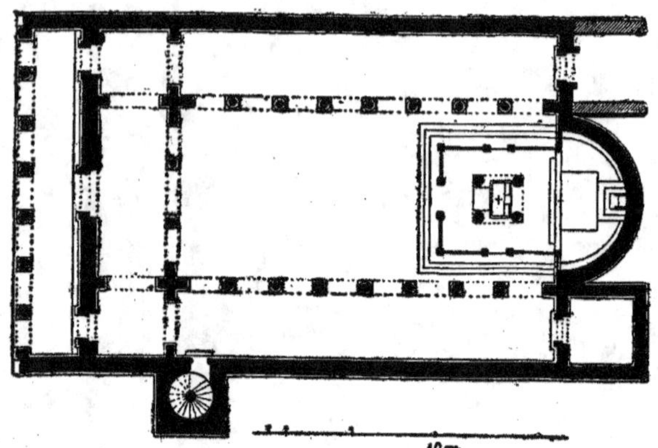

FIG. 8. PLAN DE L'ÉGLISE SAINTE-AGNÈS HORS LES MURS A ROME.
(Sans l'atrium.)

(498-514) et Pascal II (1099-1118), ce bel édifice fut presque entièrement détruit par un incendie en 1823. La réfection qui s'achève en ce moment reproduit à peu près la disposition primitive (fig. 6). L'arc triomphal, avec ses riches mosaïques du Ve siècle, a été conservé, et la galerie de portraits de papes a été refaite en mosaïque.

La petite *basilique de Sainte-Agnès hors les Murs* (fig. 7, 8 et 9), autre construction constantinienne, fut reconstruite au VIIe siècle dans la même forme, à l'exception de l'atrium, qui fut remplacé par un simple narthex. Elle reproduit assez exactement le plan de Saint-Paul hors les Murs (construction primitive). Au VIIe siècle, ses bas-côtés, qui n'ont pas de fenêtres, furent surmontés de galeries et le plafond de la nef centrale fut surélevé. L'autel s'avance sensiblement dans la nef. La *schola cantorum* devait donc occuper presque tout le vaisseau principal.

L'*église Saint-Laurent in Campo Verano*, fondée encore par Constantin, reproduit fidèlement, sauf l'atrium, les dispositions de Sainte-Agnès; Sixte III y ajouta, vers 432, une seconde basilique orientée en sens inverse et précédée d'un vaste atrium. Pélage II (580) démolit les absides qui se touchaient et fit, de l'ancien édifice, le sanctuaire de la nouvelle basilique (fig. 10). De même que Sainte-Agnès, Saint-Laurent fut pourvu, à cette époque, de galeries au-dessus des bas-côtés.

A Naples, existent quelques restes de l'ancienne *cathédrale de Sainte-Restitute*, probablement construite par le même empereur. Primitivement à cinq nefs séparées par des colonnes de marbre

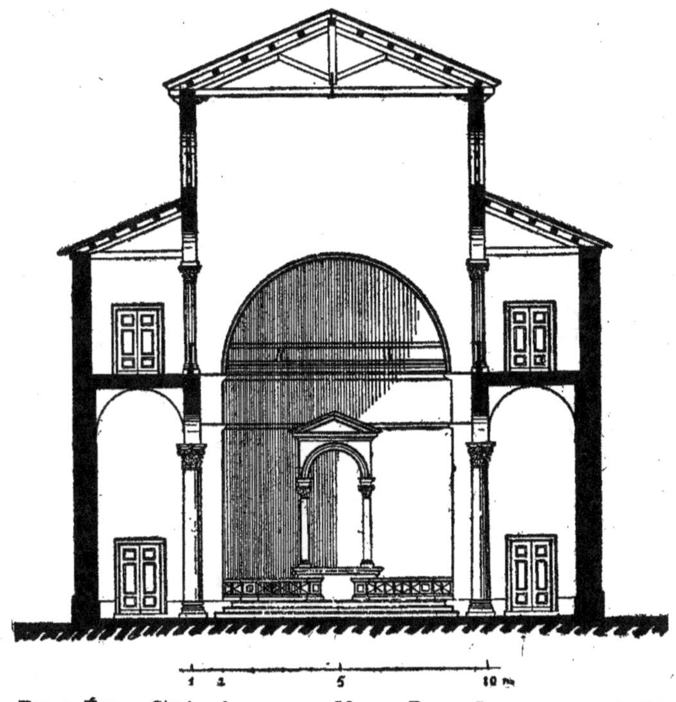

FIG. 9. ÉGLISE Ste-AGNÈS HORS LES MURS A ROME. COUPE TRANSVERSALE.
(Après la transformation du VIIe siècle.)

cipolin, elle a été à moitié démolie et modernisée au XVIIᵉ siècle.

Constantin fit aussi édifier un nombre considérable de basiliques latines en Orient : à Jérusalem, à Bethléem, à Manré, à Constantinople, à Nicomédie et à Tyr. Une seule subsiste en partie, c'est celle de la *Nativité*, à Bethléem (fig. 11), commencée en l'an 320. On y retrouve encore cinq nefs à colonnes portant un entablement, ainsi que des traces d'un atrium démoli. Sa triple abside date probablement d'une restauration exécutée sous Justinien.

La disposition primitive de la grande *église du Saint-Sépulcre*, à Jérusalem, qui fut construite de 326 à 336, est imparfaitement connue. Elle avait sans doute cinq nefs, des tribunes et un atrium, mais son caractère d'église commémorative lui fit donner une disposition spéciale : le saint Sépulcre s'y trouvait renfermé dans une cour à ciel ouvert et entourée d'un portique en fer à cheval, tandis que le sanctuaire avec le transept non saillant était probablement attenant à l'atrium (fig. 12) [1].

Quant à la *basilique de Tyr*, dont il ne reste plus de traces, Eusèbe en a laissé une des-

1. ESSENWEIN, *Ausgänge der class. Bauhunst,* dans *Handbuch der Archi-tectur,* Darmstadt, 1886, II, 3, p. 53.

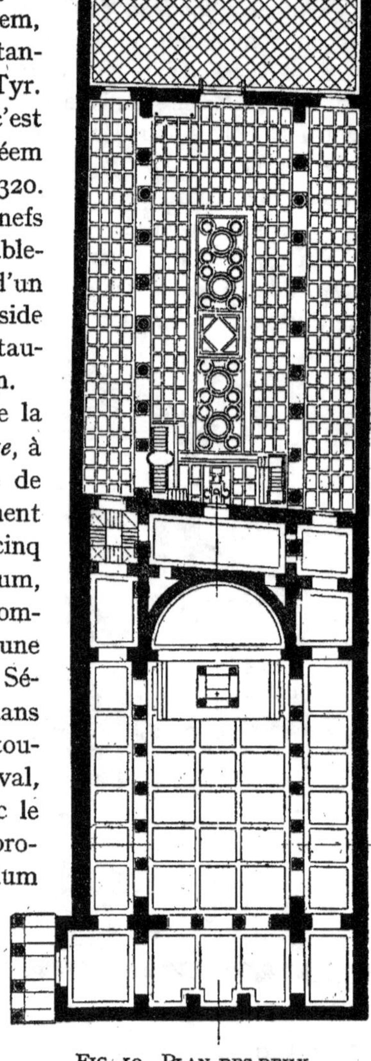

FIG. 10. PLAN DES DEUX ÉGLISES SAINT-LAURENT HORS LES MURS, A ROME. (D'après Marchi.)

scription détaillée et très intéressante [1]. D'après lui, Constantin fit d'abord construire un mur autour de l'église et de ses dépendances pour servir de *propugnaculum*. Un haut vestibule, visible au loin, s'élevait devant la façade. Le vestibule et le temple étaient séparés par l'atrium : « Inter templum et vestibulum,

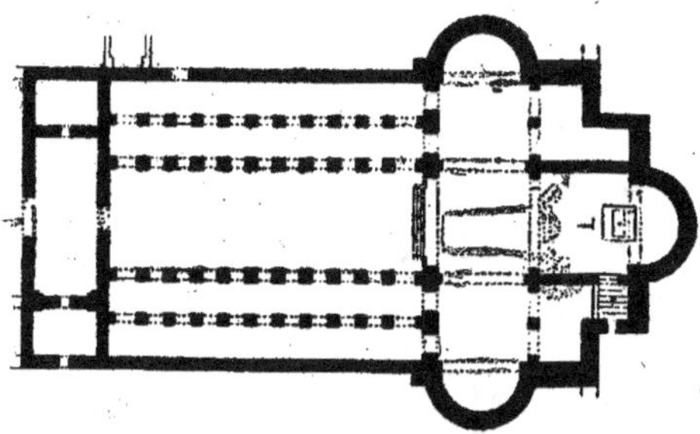

FIG. 11. PLAN DE L'ÉGLISE DE LA NATIVITÉ A BETHLÉEM. (État actuel.)

maximo intervallo relicto, hoc spatium in quadrati speciem circumseptum, quatuor oblicis porticibus circumquaque ornavit, quæ columnis undique attolluntur. »

Les colonnes étaient reliées par des clôtures de peu de hauteur en bois réticulé. Au milieu de la cour, se trouvait la fontaine « qui interius sacrarium ingressuris, copiosos latices ad abluendum ministraret ».

La double destination de l'atrium est clairement indiquée : « cunctis quidem [2] ornatum ac nitorem concilians, iis vero qui institutionem adhuc opus habent, congruentem præbens mansionem ».

Du narthex, trois portes conduisaient dans l'église du côté de

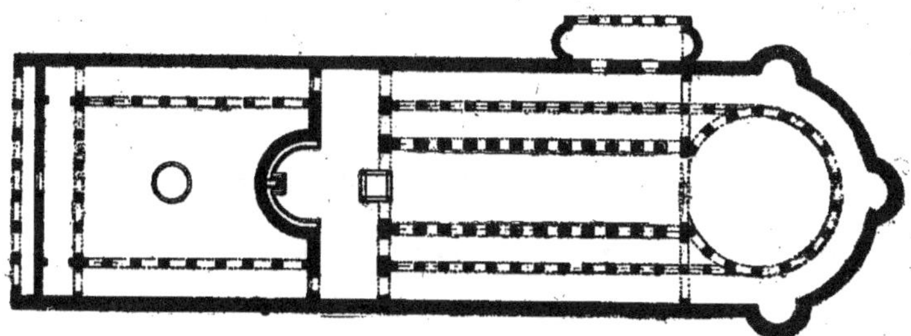

FIG. 12. PLAN PRIMITIF PRÉSUMÉ DE L'ÉGLISE DU SAINT-SÉPULCRE A JÉRUSALEM. (D'après Essenwein.)

---

1. EUSÈBE, *Hist. Eccl.*, lib. X. (Migne, P. G., col. 866 et suiv.).
2. Gr. τῷ πάντι.

BASILIQUE DE SAINTE-MARIE MAJEURE,
A ROME. ÉTAT ACTUEL.

19

FIG. 15. (Photo Richter.) VUE INTÉRIEURE.

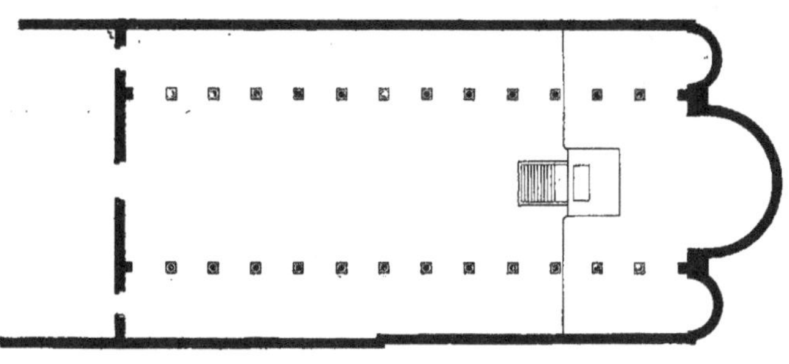

FIG. 16. PLAN.

BASILIQUE DE SAINTE-SABINE
A ROME. ÉTAT ACTUEL.

l'orient : la plus grande s'ouvrait au centre. Elle était décorée de plaques de bronze, fixées par des fers, et de diverses sculptures.

Quant à l'église proprement dite, Eusèbe l'appelle *œdes regia*. Elle se composait de deux portiques ou bas-côtés non éclairés, flanquant un espace central dont la disposition émerveille l'historien comme quelque chose de neuf et d'inouï :« L'empereur imagina de placer des fenêtres au-dessus même des portiques et il éleva « jusqu'au ciel » la charpente, faite entièrement en bois de cèdre. » Dans le chœur étaient disposés des trônes pour le président et dans toute l'église s'alignaient les sièges pour les fidèles. Le saint des saints, c'est-à-dire l'autel, placé au milieu de la nef principale,« altare in medio constituit », était entouré d'une belle balustrade en bois pour en écarter la foule. Tout l'édifice était pavé de marbre. Il était environné de diverses constructions accessoires : des exèdres des œcus, et un baptistère.

En dehors des églises dues à la générosité ou à l'influence de Constantin et dont la provenance est connue grâce aux historiens de cet empereur, la plupart des nombreux édifices construits au IVe siècle ont disparu. Ceux qui restent accusent encore clairement leur aménagement primitif.

Sainte-Marie Majeure est l'une des plus grandes et des plus célèbres basiliques de Rome. Edifiée par le pape saint Libère, au milieu du IVe siècle, sur l'emplacement de l'antique basilique Sicinienne, elle fut reconstruite en partie sous Sixte III (432-440) et consacrée, depuis lors, à la sainte Vierge. De ce chef, elle fut appelée Sainte-Marie Majeure, par opposition à Sainte-Marie Antique du Forum. Au XIIIe siècle, Nicolas IV lui fit subir une importante restauration et Alexandre VI décora le plafond au moyen du premier or venu d'Amérique. Le façade moderne a été ajoutée sous le règne de Benoît XIV.

Malgré ces remaniements, elle se présente encore avec tous les caractères essentiels d'un édifice du IVe siècle (fig. 14). L'atrium a disparu : des traces évidentes en furent retrouvées en 1888. Les trois nefs sont séparées par quarante-quatre colonnes ioniques en marbre de Paros, provenant, très probablement, de la basilique Sicinienne et reliées par un entablement horizontal. Le transept est étroit et peu saillant. Il est vraisemblable que l'abside était entourée d'un déambulatoire dont les arcades n'ont été fermées qu'au XIIIe siècle. Dans les colonnes se voit encore la place des trous destinés aux crochets qui soutenaient primitivement les tringles auxquelles étaient suspendus des rideaux. La *schola cantorum* et les ambons ont été enlevés sur l'ordre de Sixte V. La magnifique décoration en mosaïques du IVe siècle, au-dessus des colonnades, et celle du Ve siècle à l'arc triomphal ont été conservées jusqu'à nos jours (fig. 13).

Sainte-Sabine, de Rome (fig. 15 et 16), date du début du Ve siècle. Admirablement conservée, à l'exception de son atrium, qui a été démoli, mais dont les traces existent, elle possède deux rangées de belles colonnes antiques cannelées, reliées par des arcades, une abside semi-circulaire et une simple charpente sur les trois nefs. Les débris des clôtures de la *schola cantorum* sont enchâssés dans les murs. Plusieurs des fenêtres supérieures ont été bouchées et les murs des bas-côtés n'ont pas de lumières. L'autel s'avance dans la nef.

La *basilique primitive de Saint-Clément* (fig. 17) est l'une des plus anciennes de Rome, puisque, au témoignage de saint Jérôme, elle existait depuis longtemps en 392. Son atrium reste caché sous celui de l'édifice actuel, édifié au-dessus de l'ancien par Pascal II, mais l'église elle-même est entièrement dégagée. Elle comporte trois nefs à colonnes, un narthex intérieur et une grande abside semi-circulaire. Les cloisons de la *schola cantorum* ont été transportées dans l'église supérieure (fig. 18). Les murs des bas-côtés étaient privés de fenêtres.

L'église Saint-Pierre aux Liens existait au IVe siècle sous le titre des Saints-Apôtres. Elle fut reconstruite dans la forme actuelle sous Sixte III. L'abside de la basilique primitive fut découverte en 1876 : l'atrium se trouvait devant le narthex actuel.

Il est difficile de dire ce qui appartient encore à la première construction dans l'*église Sainte-Praxède*, restaurée sous Pascal I (817-824). La forme de l'ensemble, avec le propylée, l'atrium, la triple nef à colonnes et entablement, semble cependant reproduire fidèlement la disposition du IVe siècle (fig. 19-20).

La petite *basilique de Sainte-Pudentienne* a aussi subi des modifications importantes, mais l'abside semi-circulaire du IVe siècle reste et la distribution d'ensemble, avec trois nefs et atrium, rappelle sans aucun doute le plan primitif.

Fig. 17.   Vue intérieure de la Basilique du XIIe siècle.

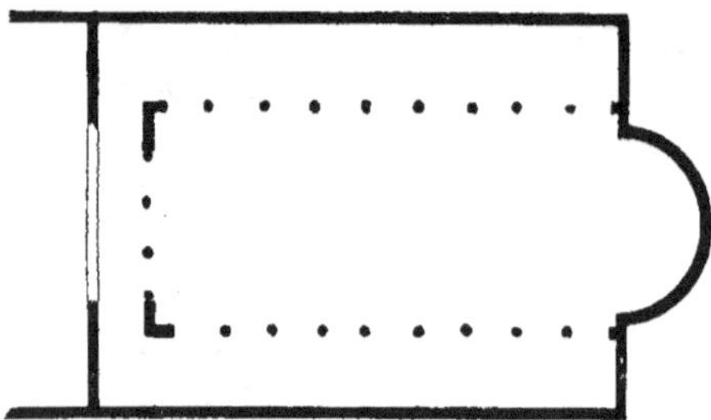

Fig. 18. Plan de la Basilique primitive.

BASILIQUE DE SAINT-
CLÉMENT A ROME.

23

Fig. 19.   (Photo Anderson.)   VUE INTÉRIEURE.

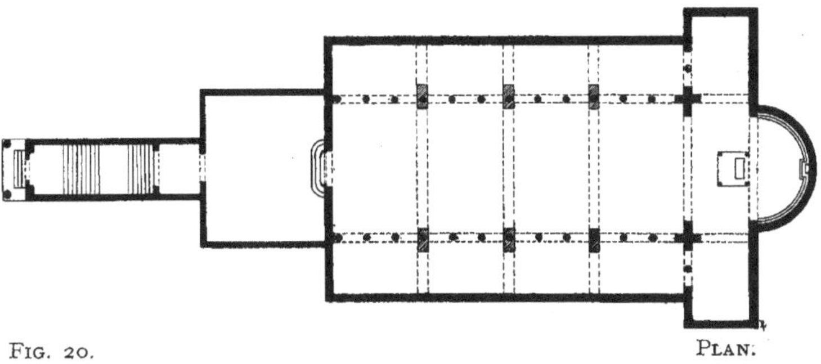

Fig. 20.   PLAN.

ÉGLISE DE SAINTE-
PRAXÈDE A ROME.

24

Sous l'église actuelle de *Sainte-Cécile au Transtévère*, qui date du IXe siècle, des fouilles récentes ont mis à jour les restes importants d'une construction très ancienne bâtie, d'après les indices, sur l'emplacement même de la maison de Valérien. C'est une basilique à piliers et à trois nefs sans transept, qui a dû posséder un atrium.

Il en est sans doute de même pour *Saint-Chrysogone*, où des fouilles à peine commencées ont révélé l'existence d'une basilique du IVe siècle à chevet semi-circulaire.

L'église *Saint-Cosimate* est également une très ancienne basilique modifiée. Le plan permet de reconnaître la présence antérieure d'un atrium avec propylée.

Des traces d'atrium existent aussi à *Saint-Vital*, à *Sainte-Marie du Transtévère*, à *Sainte-Marie in Dominica* (fig. 21) et a bien d'autres églises.

En dehors de Rome, il faut noter l'église de *Saint-Ambroise*, à Milan, et celle du *Xenodochium de Panmachus* (fig. 22), à Ostie. La première a été fondée par saint Ambroise (379-386), sous le

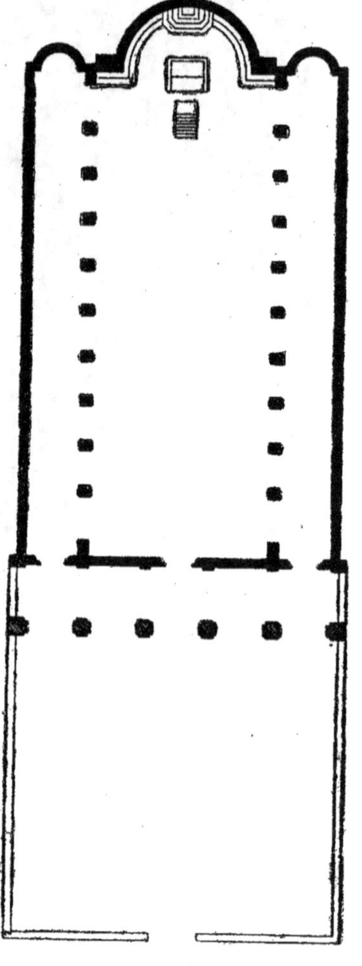

FIG. 21. PLAN DE L'ÉGLISE SAINTE-MARIE IN DOMINICA A ROME.

vocable de Saints-Gervais et Protais, et fut rebâtie à une époque plus récente. Elle avait un atrium, trois nefs à colonnes et une abside semi-circulaire. La seconde, qui date de 398, possédait un atrium, deux rangées de piliers et une abside entourée d'une galerie.

L'ORIGINE DE LA BASILIQUE LATINE

Il ne s'agit point d'établir ici le relevé de tous les restes d'anciennes basiliques. Ce travail a été fait à plusieurs reprises [1]. L'examen de ces quelques édifices choisis parmi les plus anciens et les mieux conservés suffira pour permettre de caractériser les traits distinctifs de la basilique latine du IVe siècle. L'étude détaillée des sanctuaires de Gaule, d'Espagne, d'Illyrie, d'Égypte ou d'Orient ne pourrait que confirmer ce fait : *toutes les églises chrétiennes élevées après la proclamation de la paix*, à part quelques différences de détail dues aux circonstances particulières, *furent bâties d'après un modèle unique, présentent une distribution intérieure identique et accusent les mêmes procédés de construction.*

Le nom de basilique latine a été donné généralement aux édifices de ce type. L'influence de Constantin, au IVe siècle, l'étendit à l'Orient; cependant cette région, douée d'une civilisation intense, ne subit guère l'influence occidentale. Après avoir fait usage d'un type basilical qui lui est propre, elle l'abandonna au VIe siècle pour un modèle nouveau : l'église byzantine. La basilique orientale, qui ne diffère de la nôtre que par des points secondaires, a probablement la même origine. Cette étude ne s'en occupe pas cependant *ex professo*. Elle se contente d'y prendre, le cas échéant, certains termes de comparaison suggestifs.

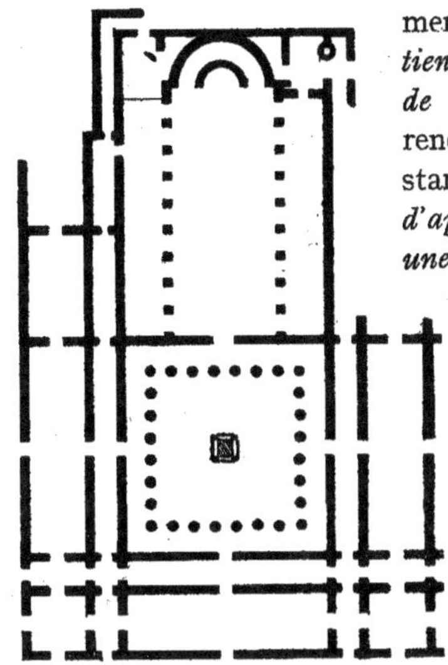

Fig. 22. Plan de l'Église du Xenodochium de Panmachus, a Ostie.

1. F.-X. Kraus, *Geschichte der christlichen Kunst*, Freiburg in Breisgau, 1896, I, p. 312-349. — Dom H. Leclercq, *Manuel d'archéologie chrétienne*, Paris, 1907, I, p. 434-493. — C.-M. Kaufmann, *Manuale di archeologia cristiana*, Roma, 1908, p. 63-93. Ces auteurs donnent aussi une bibliographie suffisamment complète concernant les édifices dont nous avons parlé.

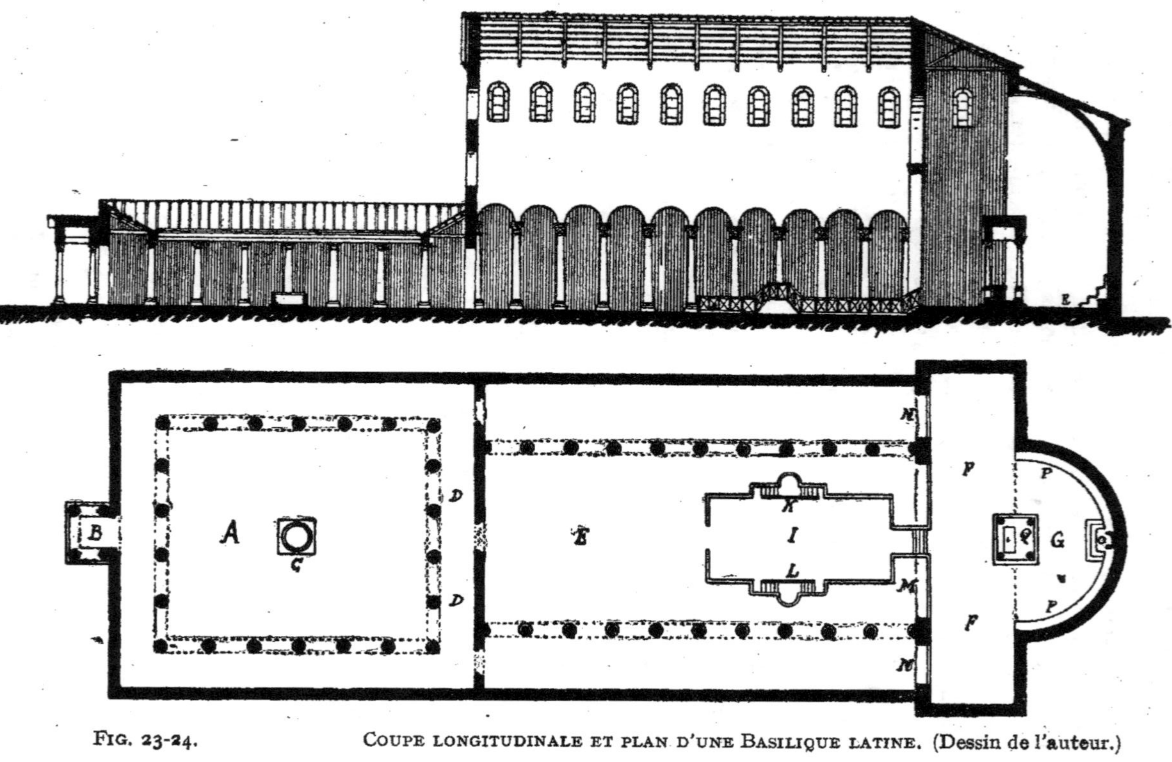

Fig. 23-24. Coupe longitudinale et plan d'une Basilique latine. (Dessin de l'auteur.)

L'ORIGINE DE LA BASILIQUE LATINE

Il ne s'agit point d'établir ici le relevé de tous les restes d'anciennes basiliques. Ce travail a été fait à plusieurs reprises [1]. L'examen de ces quelques édifices choisis parmi les plus anciens et les mieux conservés suffira pour permettre de caractériser les traits distinctifs de la basilique latine du ive siècle. L'étude détaillée des sanctuaires de Gaule, d'Espagne, d'Illyrie, d'Égypte ou d'Orient ne pourrait que confirmer ce fait : *toutes les églises chrétiennes élevées après la proclamation de la paix*, à part quelques différences de détail dues aux circonstances particulières, *furent bâties d'après un modèle unique, présentent une distribution intérieure identique et accusent les mêmes procédés de construction*.

Le nom de basilique latine a été donné généralement aux édifices de ce type. L'influence de Constantin, au ive siècle, l'étendit à l'Orient; cependant cette région, douée d'une civilisation intense, ne subit guère l'influence occidentale. Après avoir fait usage d'un type basilical qui lui est propre, elle l'abandonna au vie siècle pour

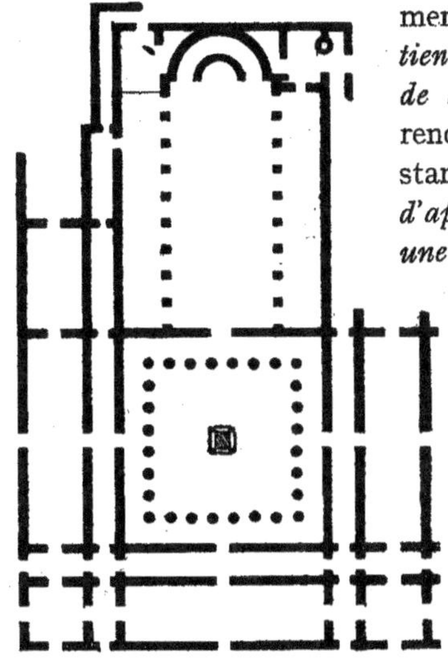

FIG. 22. PLAN DE L'EGLISE DU XENODOCHIUM DE PANMACHUS, A OSTIE.

un modèle nouveau : l'église byzantine. La basilique orientale, qui ne diffère de la nôtre que par des points secondaires, a probablement la même origine. Cette étude ne s'en occupe pas cependant *ex professo*. Elle se contente d'y prendre, le cas échéant, certains termes de comparaison suggestifs.

---

1. F.-X. KRAUS, *Geschichte der christlichen Kunst*, Freiburg in Breisgau, 1896, I, p. 312-349. — Dom H. LECLERCQ, *Manuel d'archéologie chrétienne*, Paris, 1907, I, p. 434-493. — C.-M. KAUFMANN, *Manuale di archeologia cristiana*, Roma, 1908, p. 63-93. Ces auteurs donnent aussi une bibliographie suffisamment complète concernant les édifices dont nous avons parlé.

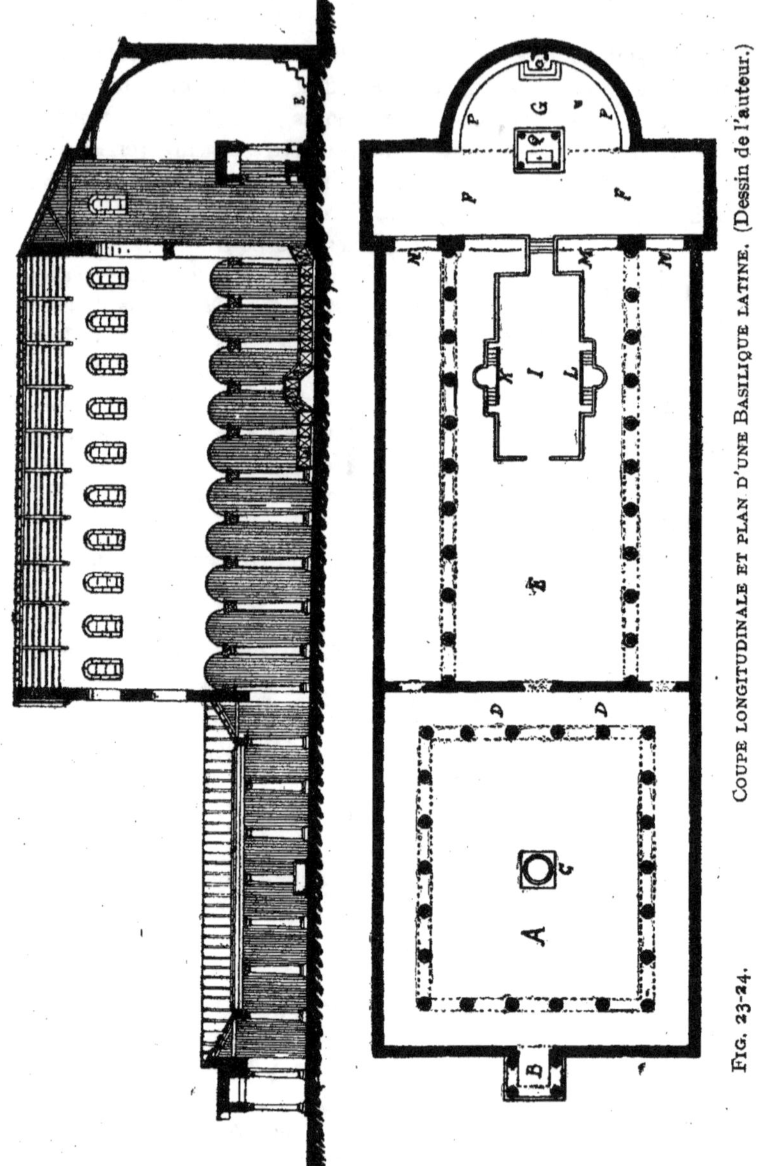

Fig. 23-24. — Coupe longitudinale et plan d'une Basilique latine. (Dessin de l'auteur.)

27

L'ORIGINE DE LA BASILIQUE LATINE

L'analyse des édifices examinés jusqu'ici permet de déterminer les éléments dont se compose toute basilique latine. Ces éléments sont réunis dans les schémas ci-contre.

Son *plan* (fig. 24) comprend trois parties principales : *l'atrium, les nefs, le sanctuaire.*

L'atrium (A) est une cour rectangulaire à ciel ouvert, occupant toute la largeur de l'église. Il n'y a qu'une seule entrée, au centre, sauf dans les édifices de grande dimension; elle est précédée d'un porche ou propylée (B).

Toujours l'atrium est entouré de portiques sur les quatre côtés. Leur toiture s'incline en appentis vers l'intérieur de la cour et repose sur des colonnes reliées par un entablement ou parfois par des arcades. Entre ces colonnes se trouvent des clôtures à hauteur d'appui, en bois ou en marbre, séparant les galeries d'avec la cour proprement dite.

Au centre du préau, pavé en dalles de pierre, jaillit une fontaine ou *cantharus* (C) servant pour l'ablution de la figure et des mains avant l'entrée dans l'église. L'aile du portique accolée à la façade des nefs porte le nom de narthex (D). L'atrium et ses galeries servaient d'abri aux catéchumènes et aux pénitents durant l'office divin.

Malgré les affirmations de plusieurs archéologues, l'atrium ne semble pas avoir eu, comme destination principale, d'éloigner de l'église le bruit de la rue, puisque beaucoup de basiliques, situées en pleine campagne, en sont pourvues et que, dans plusieurs d'entre elles, telles Saint-Paul hors les Murs (2e bâtisse) et Sainte-Agnès, le sanctuaire est tourné vers la route, tandis que l'atrium s'ouvre ou s'ouvrait du côté des champs.

Du narthex on entre par trois ou cinq portes dans l'église proprement dite. Celle-ci présente, dans son plan, une triple caractéristique :

1º La disposition longitudinale, symétrique à un axe, par opposition à la disposition centrale, symétrique à deux axes qui se croisent à angle droit et qui fut adoptée de préférence pour les baptistères et les édifices funéraires;

2º Trois nefs, parfois cinq, séparées par deux arêtes de colonnes, de telle sorte que le vaisseau central dépasse de beaucoup les autres en largeur;

3º Un sanctuaire surélevé de plusieurs degrés et formé d'un espace rectangulaire situé dans les travées antérieures de la nef ou bien dans le transept. Il est terminé par une abside semi-circulaire appelée *concha* ou *exèdre*.

FIG. 25. COUPE TRANSVERSALE SUR UNE BASILIQUE LATINE.

Devant le sanctuaire, au milieu de la grande nef, un endroit clôturé par des chancels est réservé à la *schola cantorum* (G). Sur les côtés latéraux de la balustrade s'élèvent d'ordinaire les deux ambons (K et L). Une grande arcade, appelée arc de triomphe (M), sépare la nef du transept ou de l'abside; deux arcs plus petits terminent les bas-côtés.

Dans le fond de la concha se dresse le trône épiscopal (O) et sur les deux côtés un banc de pierre, placé en hémicycle, sert de siège aux prêtres.

Devant le trône, sous l'arcade, ou plus avant dans la nef, est placé l'unique autel de l'église, centre spirituel de tout l'édifice. Il se compose d'une simple table en pierre abritée sous un ciborium que supportent quatre colonnes.

Les ailes saillantes du transept servaient fréquemment l'une de *diaconicum* ou *sacristie*, l'autre de *prothesis*, endroit où les fidèles déposaient les offrandes destinées au saint sacrifice. Devant le sanc-

FIG. 26. FAÇADE ET COUPE SUR L'ATRIUM D'UNE BASILIQUE LATINE.

tuaire s'élevait fréquemment une *pergula* formée d'une colonnade à laquelle on suspendait des voiles ou des lampes et qu'on surmonta plus tard de statues.

En ce qui concerne la construction de la basilique, ses caractères peuvent se réduire aux suivants (fig. 23, 25 et 26) :

1º La surélévation de la nef du milieu, de façon à fournir à l'édifice son éclairage principal, sinon unique, par une rangée de fenêtres percées de part et d'autre dans les murs gouttereaux, tandis que les bas-côtés n'ont, le plus souvent, aucun éclairage direct;

2º La couverture de la nef, des bas-côtés et du transept par une simple charpente, soit apparente, soit cachée par un plafond, à l'exclusion de toute voûte en pierre. Les bas-côtés sont abrités sous des appentis, tandis que la nef centrale porte une toiture peu inclinée à double versant.

Les deux rangées de colonnes supportent une architrave ou bien des arcades. Des balustrades de bois ou de pierre les relient souvent dans le bas. Le transept, parfois moins large que la nef du milieu, a sensiblement la même hauteur. Le toit est parfois à un versant, plus fréquemment à deux versants. L'abside, seule partie voûtée de l'église, est couverte d'une voûte en cul-de-four et d'un toit semi-conique; elle est toujours plus basse que la nef et n'a pas de fenêtre.

Dans les églises de dimensions restreintes, le transept fait presque toujours défaut. La prothésis et le diaconicum ont alors parfois la forme de deux petites absidioles, flanquant de part et d'autre la concha principale.

Les basiliques d'Afrique ont certains caractères particuliers qu'elles tiennent probablement d'une influence orientale : absence presque générale d'atrium et de transept et emploi fréquent du sanctuaire à chevet rectangulaire.

Les basiliques latines du IVe siècle, peu décorées à l'extérieur, sont des constructions sans élégance, bâties en matériaux ordinaires, briques ou moellons de petites dimensions. Toute leur ornementation est concentrée à l'intérieur et consiste en applications de marbre et de métal précieux, en mosaïques, en peintures à fresques. Les sculptures sont fort rares.

Telle était, à grands traits, la basilique latine au lendemain de
'édit de Milan.

Dans les siècles suivants, elle ne se développe plus ; elle s'atro-
phie, ou plutôt se simplifie. Elle a donc dû se former à une
époque antérieure, car une forme architecturale aussi compliquée
ne peut être sortie en une fois du cerveau d'un artiste. Et si l'on
voulait même s'arrêter à cette dernière hypothèse, il serait
encore impossible d'expliquer comment ce type d'édifice put
se faire adopter immédiatement et, on peut dire, exclusivement
depuis l'Océan jusqu'à l'Euphrate, à une époque où les idées se
répandaient beaucoup plus lentement qu'aujourd'hui,

On peut donc conclure que le type basilical n'a pas été créé
au IVe siècle. Rechercher quand et comment il l'a été sera l'objet
des chapitres suivants.

CHAPITRE II

THÉORIES RELATIVES A L'ORIGINE DE LA BASILIQUE

Il paraît inutile de rééditer ici la bibliographie complète relative à ce sujet. Elle fut établie jusqu'en 1865 par O. Mothes[1] et ensuite par F.-X. Kraus[2] jusqu'en 1896. Il sera utile cependant de passer en revue les principales théories qui ont été émises et d'en faire une analyse sommaire. En suivant cette méthode, plusieurs questions accessoires intéressantes pourront être examinées et le terrain sur lequel porte encore la discussion se limitera graduellement.

Comme ce fut le cas pour la plupart des problèmes archéologiques, l'origine de la forme des églises n'excita l'intérêt des savants qu'à partir de la Renaissance. Le premier qui s'en occupa fut le célèbre architecte et écrivain florentin Leo-Baptista Alberti († 1472). Dans son ouvrage *De re edificatoria*[3], il voulut démontrer que les premières églises ne furent, en somme, que des basiliques civiles romaines dont l'empereur Constantin aurait fait don aux communautés chrétiennes. La religion nouvelle adapta les cérémonies de son culte à ces locaux et d'autres églises s'érigèrent, plus tard, sur le même type, qui demeura classique en Occident.

Un grand nombre d'auteurs du XVIIᵉ et du XVIIIᵉ siècle[4]

---

1. O. MOTHES; *Die Basilikenform bei den Christen der ersten Jahrhunderte*, Leipzig, 1865.
2. F.-X. KRAUS, *Geschichte der christlichen Kunst*, Freiburg, 1896, I, p. 265.
3. L.-B. ALBERTI, *De re edificatoria*, Florence, 1465.
4. Voir leur liste dans MOTHES, *op. cit.*

acceptèrent cette théorie sans réelle discussion. Malgré son invraisemblance, elle ne fut sérieusement contredite que vers le milieu du XIXe siècle. Il est vrai qu'antérieurement l'archéologie chrétienne n'avait guère eu d'adeptes et que la plupart des monuments des premiers siècles, capables de jeter quelque lumière sur la question, étaient encore enfouis sous les décombres.

Vers 1846, Zestermann [1], le premier, traita la question à fond et arriva à cette conclusion que la basilique chrétienne n'a rien de commun avec l'édifice que les Romains appelaient de ce nom. Ce fut le christianisme lui-même qui, entrant sur la scène du monde, créa pour son culte un local approprié. Ce local rappelait, dans la façon de couvrir et d'éclairer la nef principale, les grands portiques des forums, dénommés basiliques; il en prit le nom uniquement à cause de cette ressemblance.

La thèse de Zestermann fut admise par quelques auteurs [2], mais au lieu de clore la discussion, elle la rouvrit définitivement.

Depuis 1850, les ouvrages qui s'en occupent sont très nombreux. Il est nécessaire de les passer brièvement en revue et de soumettre à la critique les principales théories qu'ils contiennent.

Ces théories peuvent se diviser en deux groupes principaux, d'après la façon dont leurs auteurs envisagent le problème. La plupart, parmi lesquels on compte des maîtres de l'archéologie chrétienne, se placent uniquement ou principalement au point de vue architectonique. Pour eux, tout revient à déterminer le *modèle* d'après lequel les chrétiens du IVe siècle ont édifié leurs premières églises. La lecture de leurs ouvrages laisse cette impression qu'ils se représentent le christianisme comme sortant tout à coup des catacombes au début du IVe siècle. Un peu désorientés en face d'une liberté nouvelle et obligés de subvenir sans aucune préparation à des nécessités urgentes, pasteurs et fidèles allèrent au plus pressé et cherchèrent parmi les édifices romains le ou les

1. A.-C. ZESTERMANN, *Die Antiken und die christlichen Basiliken*, Leipzig, 1846. *De Basilicis libri III*, Bruxelles, 1847.

2. HÜBSCH, *Die Architektur und ihr Verhältnis zur heutigen Malerei und Sculptur*, Stuttgart, 1847. — J. BURCKHARDT, *De origine basilicæ christianæ*. (Commun. Hall., 1875.) (KRAUS, *op. cit.*, p. 267.)

modèles d'après lesquels ils pourraient constituer le type de leurs églises.

La préoccupation prédominante de ces auteurs est donc de rechercher, parmi les monuments de l'antiquité romaine, celui ou ceux dont la forme présente le plus d'analogie avec la basilique chrétienne et cette analogie est pour eux un argument suffisant en faveur de la dépendance recherchée.

Parmi ces auteurs, il faut compter, en premier lieu, ceux qui, jusqu'à l'heure actuelle, restent plus ou moins fidèles à la théorie d'Alberti et qui, sans admettre qu'au IVᵉ siècle les édifices profanes aient été transformés en églises, soutiennent cependant que les chrétiens ont construit celles-ci en s'inspirant des basiliques profanes. Ils se sont seulement partagés sur un détail : tandis que les uns tiennent pour la basilique *foraine* ou judiciaire, d'autres ont cru trouver plus de ressemblance dans les basiliques *privées* que les empereurs et certains citoyens riches avaient fait bâtir dans leurs palais ou dans leurs villas de campagne.

L'argument fondamental invoqué en faveur de cette théorie peut se résumer ainsi : Les chrétiens avaient besoin d'une forme d'édifice adaptée à leur culte, c'est-à-dire d'une grande salle couverte, capable de contenir un nombre considérable de fidèles et de permettre aux cérémonies sacrées de se dérouler dans toute leur ampleur. Parmi tous les édifices connus des Romains, un seul s'adapte à une destination semblable, mais s'y adapte adéquatement : c'est la « basilique » soit publique ou foraine, soit privée ou palatine. Ses trois ou cinq nefs, avec leurs tribunes, formaient un hall immense dans lequel une foule de personnes pouvaient aisément prendre place, tandis que l'exèdre, ou abside surélevée, avec les sièges du président et des juges, était l'endroit tout indiqué pour les bancs du clergé, pour la prédication et pour la célébration des saints mystères. Seulement, ces basiliques au lieu d'être édifiées sur les places publiques, sont construites dans des quartiers plus écartés. Une cour profonde les précède afin d'étouffer le bruit de la rue et, finalement, les besoins du culte y apportent quelques modifications de détail.

Tel est, pour ne citer que les plus notoires, l'avis des archéo-

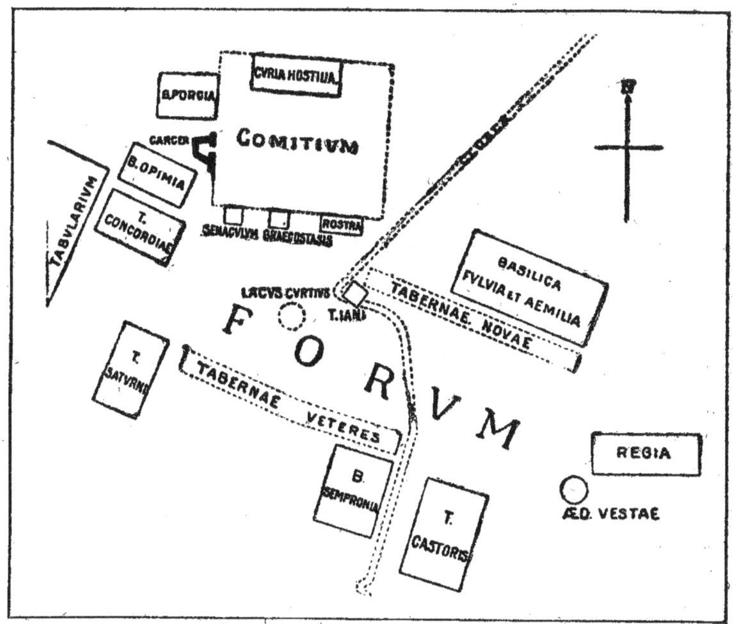

FIG. 27.   PLAN DU FORUM ROMAIN VERS LA FIN DE L'ÉPOQUE RÉPUBLICAINE. (D'après Luckenbach.)

logues Bunsen [1], Messmer [2], Bourassé [3], de Dartein [4], Reber [5], Stockbauer [6], Holtzinger [7], Reusens [8], Rohault de Fleury [9], Choisy [10] et, à l'heure actuelle encore, de Cloquet [11], de Venturi [12] et de Carotti [13].

1. BUNSEN, *Le antiche Basiliche cristiane di Roma*, Monaco, 1843, p. 8.

2. J.-A. MESSMER, *Ueber den Ursprung, die Entwicklung und die Bedeutung der Basilika in den christlichen Baukunst*, Leipzig, 1854.

3. J.-J. BOURASSÉ, *Archéologie chrétienne*, Tours, 1854, p. 82 et s.

4. DE DARTEIN, *Etude sur l'architecture lombarde*, Paris, p. 2.

5. *Mitteilungen der K. K. Centralcommission*, 1869, II, p. 35.

6. STOCKBAUER, *Der christlichen Kirchenbau in der ersten sechs Jahrh*, Regensburg, 1864.

7. H. HOLTZINGER, *Die römische Privatbasilica*, 1869, *Kunsthistorische Studien*, Tübingen, 1886.

8. REUSENS, *Eléments d'archéologie chrétienne*, Louvain, 1885, I, p. 143.

9. ROHAULT DE FLEURY, *La Messe*, Paris.

10. A. CHOISY, *Histoire de l'architecture*, Paris, 1899, II, p. 36.

11. L. CLOQUET, *L'Art monumental. Style latin*, Bruges, 1906, p. 10.

12. VENTURI, *Storia dell arte Italiana*, Milano, 1901, I, p. 126.

13. CAROTTI, *L'Arte de medio evo*, Milano, 1908, I, p. 24.

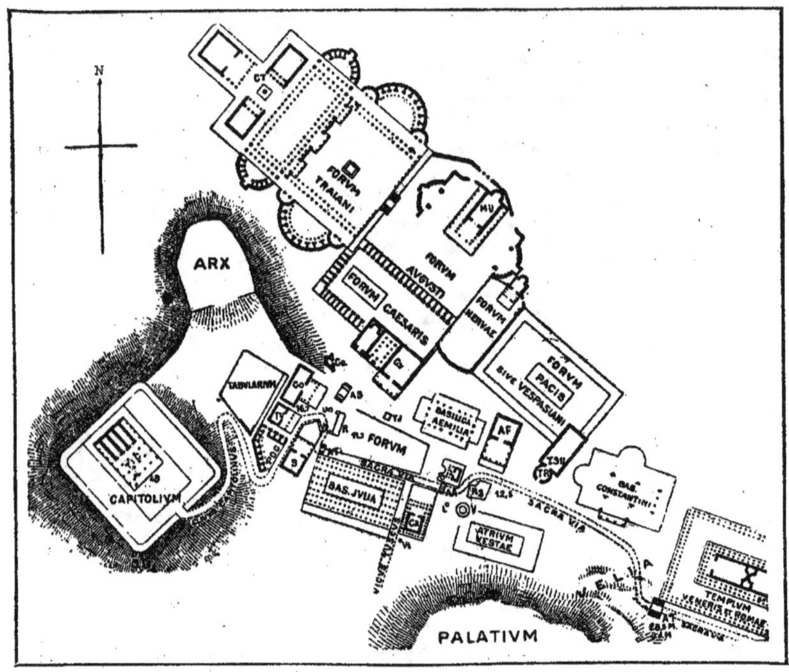

FIG. 28.　　　　PLAN DU FORUM ROMAIN ET DES FORUMS DES EMPE-
REURS A L'ÉPOQUE IMPÉRIALE. (D'après Luckenbach.)

Une opinion défendue par des érudits aussi éminents mérite
d'arrêter l'attention. A coup sûr, elle ne manque pas de vrai-
semblance, surtout si l'on se place, comme ces auteurs, presque
exclusivement au point de vue architectonique. Néanmoins, même
envisagée sous cet angle, elle n'est pas défendable. Il suffit, en effet,
de dépasser quelque peu les limites d'une observation superfi-
cielle pour s'apercevoir qu'il existe entre la basilique chrétienne
et les basiliques profanes, malgré certains points de contact, des
différences qu'on peut qualifier sans exagération d'essentielles.

Tout d'abord, les basiliques publiques qui doivent entrer en
ligne de compte ne sont pas celles qui pouvaient exister, à Rome
ou ailleurs, à une époque éloignée du début du IVe siècle et dont
on connaît la disposition par les écrivains ou par les fouilles
récentes, par exemple les basiliques Porcia et Sempronia (fig. 27),
ou encore celle décrite par Vitruve. Elles avaient disparu au
IVe siècle et ne pouvaient donc servir de modèles, tandis que

3

les basiliques Julia, Ulpia Emilia, celle de Constantin et plusieurs autres étaient parfaitement conservées (fig. 28).

Or, entre celles-ci et les églises, les différences sont nombreuses et profondes. Une dissemblance importante est à signaler, tout d'abord, au point de vue de ce que l'on pourrait appeler la *conception architecturale*, ou l'*esprit* des deux types d'édifices.

Les basiliques judiciaires comptent parmi les monuments les

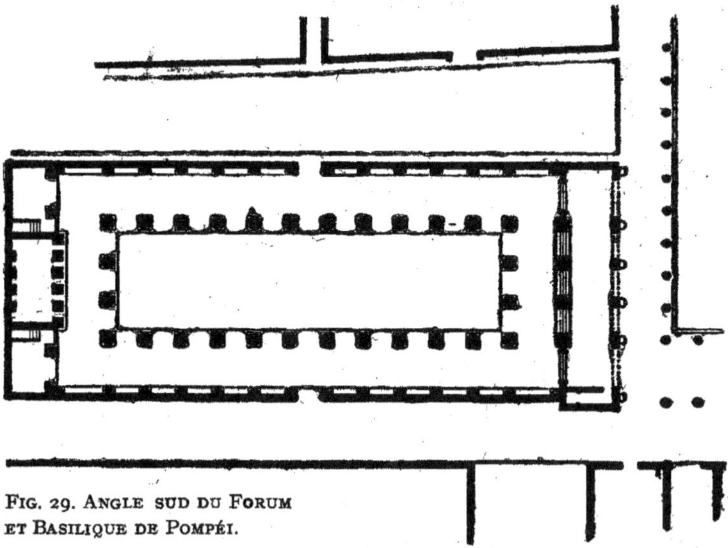

FIG. 29. ANGLE SUD DU FORUM
ET BASILIQUE DE POMPÉI.

plus grandioses de l'antiquité. Le forum était l'âme des cités romaines; toute la vie civile et politique s'y concentrait; tout l'art et toute la richesse des villes s'y étalaient. Or, la basilique publique n'est qu'une dépendance du forum. Elle constitue avec lui un tout, elle participe à son caractère monumental, elle a une destination presque identique, elle n'en est, en somme, qu'un prolongement, abrité en tout ou en partie. D'ordinaire, elle s'ouvre sur la place publique par de grandes arcades, rarement par des portes; à toute heure du jour, la foule des marchands, des politiciens, des flâneurs y circule librement, pour assister aux débats du prétoire, traiter des affaires commerciales, apprendre les nouvelles du jour, écouter les orateurs de renom, ou simplement pour s'asseoir à l'ombre, jouer ou causer.

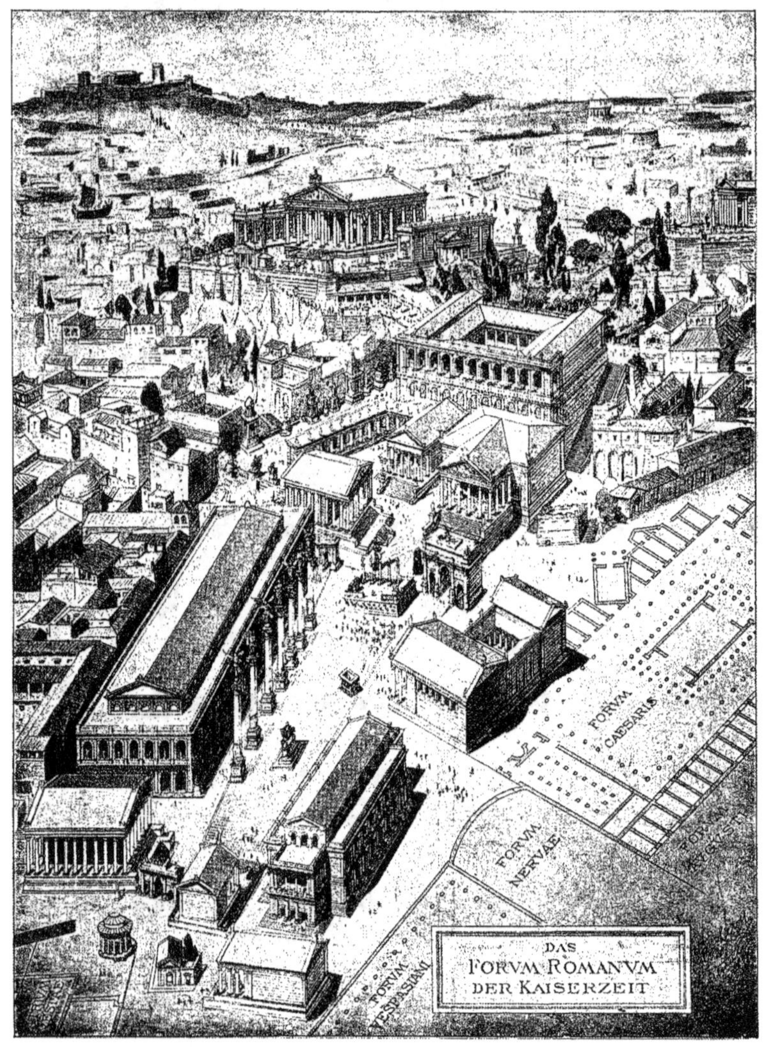

(D'après Lévy.)　　　　　　　　　　　　FIG. 30.

RESTITUTION DU FORUM ROMAIN AVEC
LES BASILIQUES JULIA ET EMILIA.

39

Fig. 31.   Vue actuelle.

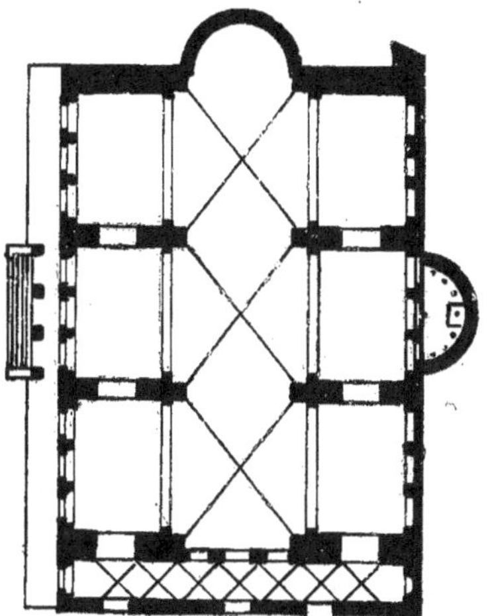

Fig. 31*a*. (D'après Grisar.) Plan.

LA BASILIQUE DE CONSTANTIN

40

La basilique est, en quelque sorte, la salle des pas perdus d'une ville romaine. Pour bien se pénétrer de ce caractère, il suffit de regarder attentivement les plans des forums de Rome (fig. 27, 28, 30), de Pompéi (fig. 29) ou de Timgad (fig. 32).

La basilique chrétienne est d'une conception diamétralement opposée. Au lieu de s'étaler sur les places publiques, elle cherche la paix et le silence, le plus souvent les quartiers éloignés. Enclavée dans les blocs d'habitations privées ou même bâtie en dehors des murs des villes, elle est séparée de la rue par un vaste atrium, accessible par une seule porte. Les entrées sont confiées à la garde de clercs inférieurs qui n'en permettent l'accès qu'à certaines heures et aux personnes initiées. Chacun y a sa place bien déterminée; des cloisons ou des balustrades séparent les différentes catégories de fidèles. L'église n'a rien d'un monument somptueux; elle n'est point conçue avec la préoccupation d'orner un ensemble urbain. Son extérieur, toujours modeste, est souvent pauvre; toute sa décoration est intérieure. Elle est donc, à ce point de vue, exactement aux antipodes de la basilique foraine.

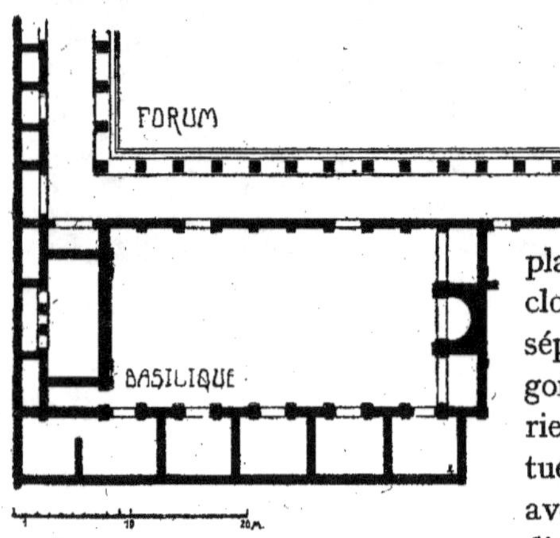

FIG. 32. ANGLE DU FORUM ET BASILIQUE DE TIMGAD.

D'autre part, sa forme elle-même, quoi qu'on en dise, n'offre guère de ressemblance avec celle des basiliques civiles. Quelques-unes de ces dernières sont, il est vrai, partagées également en trois ou cinq nefs, mais c'est là un moyen de construction tellement élémentaire qu'on ne peut vraiment y voir, sans plus, une cause d'affinité. Ensuite, dans les plus connues d'entre elles, comme les basiliques Julia, Emilia, Ulpia et dans celle de Fano[1], ce n'est pas la longueur qui est divisée en nefs, mais bien la largeur, attendu que la façade principale se trouve à l'un des grands

1. DE BROUL, *L'Architecture de Vitruve*, Bruxelles, 1816, p. 190.

côtés du rectangle (fig. 33, 34). Les halles aux draps flamandes du XIVe siècle, comparées aux cathédrales gothiques, sont exactement dans le même rapport.

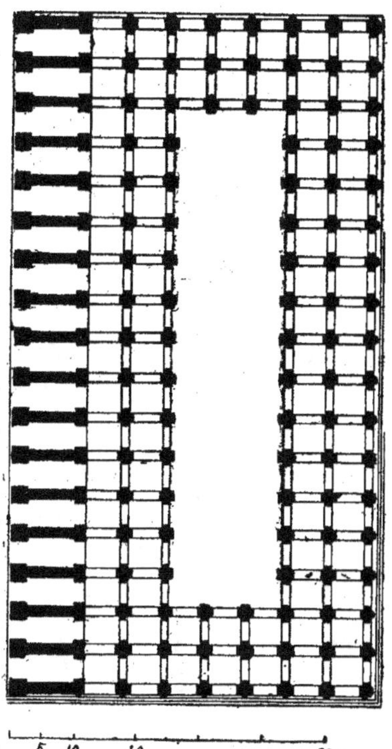

FIG. 33. PLAN DE LA BASILIQUE JULIA.

Alors que toutes les églises ont un plan uniforme, les basiliques civiles présentent une foule de combinaisons différentes. La basilique Émilienne n'est qu'un vaste portique presque tout en façade ; les deux côtés latéraux de celle de Trajan sont flanqués d'absides grandioses dans lesquelles s'abritaient les boutiques de marchands, exactement comme au grand marché de Timgad. La basilique de cette dernière ville, celle de Trèves, celle de Junius Bassus et, sans doute, celles de la plupart des petites villes de province étaient une simple salle rectangulaire avec tribune surélevée, sans aucune subdivision, tandis que d'autres, comme la basilique de Constantin, sont des constructions grandioses analogues à des salles de thermes (fig. 31).

De plus, et ceci paraît essentiel, toutes les églises italiennes du IVe siècle sont pourvues d'un atrium qui fait partie intégrante et nécessaire de la construction, tandis qu'on ne peut même pas concevoir la basilique profane avec cette ajoute. Le transept qui, lui aussi, se rencontre dans plusieurs des principales églises, est totalement inconnu dans les basiliques judiciaires ou palatines même les plus considérables.

La construction des deux espèces d'édifices ne diffère pas moins que leur plan. La basilique est solidement bâtie, parfois complètement voûtée, comme celle de Constantin, parfois voûtée seulement aux bas-côtés comme les basiliques Julia et Emilia. Les

nefs sont portées fréquemment par des piliers massifs flanqués de pilastres ou de demi-colonnes; l'éclairage se fait par de grandes arcades sans clôture dans lesquelles se dressent des statues, comme au Colisée ou au Tabularium. Les nefs latérales sont ordinairement surmontées de galeries voûtées qui font tout le tour de l'édifice.

Dans les églises occidentales, rien de semblable : des murs de faible épaisseur en matériaux communs ;

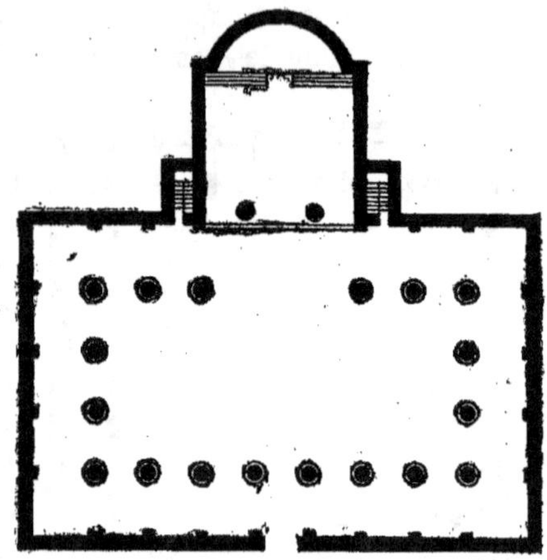

FIG. 34. PLAN DE LA BASILIQUE DE FANO.

point de voûtes, ni sur la nef ni sur les bas-côtés; toujours de vulgaires charpentes apparentes ou des plafonds de bois; rarement d'éclairage par les basses nefs; jamais de galeries.

D'après les restitutions proposées par certains archéologues, les basiliques profanes avaient cependant un système de toiture qui se rapprocherait singulièrement de celui des églises; mais ces restitutions ne sont que des essais; elles diffèrent d'ailleurs considérablement entre elles; il ne pourrait en être autrement, les documents certains faisant totalement défaut. On ignore même encore si toutes ces basiliques étaient entièrement couvertes, notamment à la nef centrale. D'ailleurs, surélever le centre d'une grande construction pour favoriser l'éclairage est encore un de ces moyens tellement élémentaires qu'il n'exige point de modèle et s'impose par le simple bon sens.

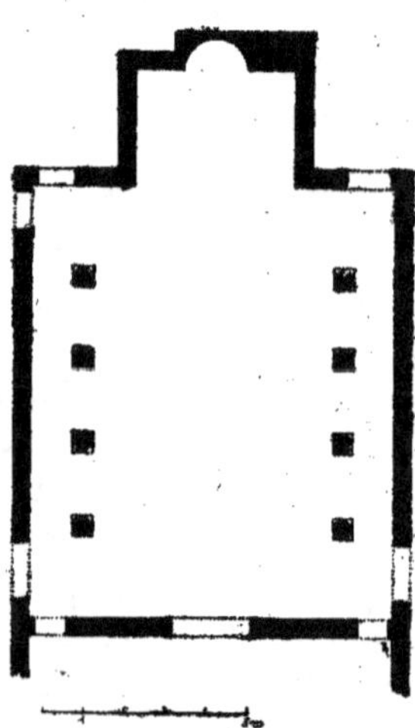

FIG. 35. BASILIQUE PRIVÉE DE LA VILLA D'ADRIEN A TIVOLI.

L'ORIGINE DE LA BASILIQUE LATINE

Il est une autre considération d'une importance plus grande encore que celles empruntées à la construction proprement dite: les basiliques chrétiennes apparaissent dans tout l'empire à un même moment et sont conçues d'après un type invariable. Voilà un fait. Dire que ces églises sont des imitations des basiliques profanes n'en est point une explication suffisante. En effet, beaucoup de villes de province et de campagne n'étaient pas pourvues de basiliques et celles qui y existaient étaient de genres fort différents, dont les imitations eussent, elles aussi, présenté naturellement une variété proportionnelle. A supposer même que tous les modèles eussent été identiques, il faudrait encore expliquer comment partout, sans entente préalable, sans un mot d'ordre, alors impossible à donner, un même modèle soit interprété unanimement de la même façon. Historiquement, cette explication est impossible.

On ne doit attacher aucune importance à la ressemblance de nom qui existe entre les locaux judiciaires et les églises chrétiennes. Le terme « basilique », d'origine hellénistique, ne se rapporte pas originairement à la destination d'un édifice, mais à sa disposition. Ainsi le *Thesaurus linguæ latinæ*[1] signale-t-il, sous ce même nom, des manèges de chevaux. Un vaste hall, quelle que soit sa destination, peut être appelé basilique[2].

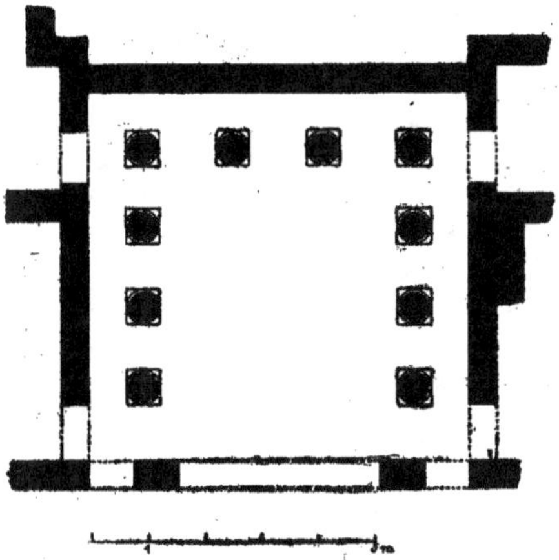

Si donc, au IVe siècle, les églises chrétiennes sont désignées sous ce nom, on peut simplement en conclure qu'à partir de cette époque elles ont adopté la disposition de grandes salles couvertes.

Spécialement pour les basiliques *privées ou palatines*, l'argument historique qui vient d'être développé est plus probant encore, car

FIG. 36. ŒCUS A COLONNES DE LA MAISON DU LABYRINTHE A POMPÉI.

1. LIPSIAE, 1906, II, v° *Basilica*.
2. *Cfr*. P.-E. WIELAND, *Mensa und Confessio*, Munich, 1906, I, p. 105.

les édifices de ce genre ont toujours été extrêmement rares :
ils n'existaient que dans les palais impériaux et dans quelques demeures opulentes dont elles faisaient partie intégrante
(fig. 34). De nombreuses maisons riches, s'il faut en croire
Vitruve, possédaient des basiliques [1] ; les ruines existantes n'en
révèlent cependant guère de tra-
ces. Ce n'étaient, sans doute, sauf
dans des cas exceptionnels, que
des « œcus à colonnes » ou des
appartements analogues, n'ayant,
avec les premières, qu'une ressemblance de destination (fig. 36).
Ainsi, une chambre de forme quelconque convertie en oratoire privé
porte actuellement le nom de
chapelle au même titre qu'une
église de couvent ou de séminaire.

Au point de vue architectural,
ces basiliques n'ont donc pu exercer aucune influence sur les
grands édifices religieux. Les basiliques domestiques monumentales
furent aussi rares que les palais
eux-mêmes et apparaissent comme
des enclaves de ceux-ci (fig. 37).
Dire que ces parties secondaires
d'édifices exceptionnels ont été,
d'un accord unanime, adoptées
par toute la chrétienté comme
type d'églises serait, encore une
fois, méconnaître les lois de l'histoire. Il y aura lieu de revenir,
du reste, à un autre point de vue,
sur l'hypothèse de la basilique
privée.

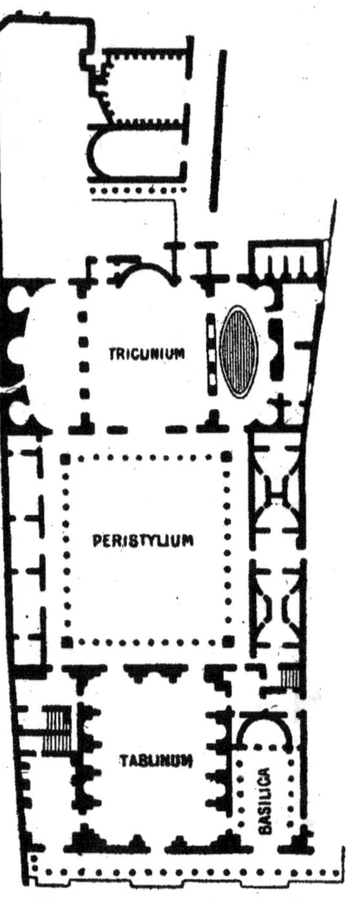

FIG. 37. PLAN DE LA MAISON
DES FLAVIENS SUR LE PALATIN.
(D'après Leclercq.)

De cette première analyse, une conclusion se dégage : les théories exposées ne reposent pas sur des fondements sérieux et elles

1. DE BROUL, *op. cit.*, p. 281.

prêtent le flanc à trop de critiques pour pouvoir être adoptées sans arrière-pensée. Plusieurs auteurs ont signalé d'ailleurs depuis longtemps leurs défauts et se sont efforcés en conséquence de trouver ailleurs le modèle des premières églises.

Certains d'entre eux n'hésitèrent pas à pousser leurs investigations dans une direction totalement opposée. S'appuyant sur les origines judaïques du christianisme et sur les ressemblances existant entre le culte chrétien et celui des Israélites, ils conclurent que les locaux d'assemblée des deux religions devaient également être apparentés, et recherchèrent les modèles des premières églises chrétiennes dans les synagogues juives et dans le temple de Jérusalem, qui, lui-même, présentait des analogies indéniables avec les temples égyptiens. Telle est la thèse soutenue plus ou moins résolument par Mothes[1], Kreuser[2], Kempeneers[3].

Voici, à titre de curiosité, quelques-unes des conclusions de Mothes : « L'idéal de l'Église pour l'ensemble de la disposition des édifices du culte fut, dès l'origine, le temple de Jérusalem, seul sanctuaire du vrai Dieu avant la naissance du christianisme. Durant les trois premiers siècles, il fut matériellement impossible de se rapprocher le moins du monde de cet idéal. On dut se contenter de locaux provisoires, probablement les *œci* de maisons romaines. L'endroit spécial destiné au clergé fut inspiré par l'abside des basiliques domestiques. Après les persécutions, ce type embryonnaire fut agrandi et développé, d'après le modèle de la basilique d'Hérode Agrippa, dépendante du temple de Jérusalem, et des grandes basiliques foraines de Rome. A partir du IVe siècle, il se trouva constitué de la sorte au-dessus des tombeaux des martyrs. Ensuite il se développa constamment dans le sens de l'idéal proposé au début. Ainsi l'atrium et le narthex rappellent les cours et les portiques du temple; les tours et les clochers sont les imitations du pinacle et des pylônes, etc. »

Kempeneers s'efforce d'établir, dans son ouvrage, que les basiliques du IVe siècle ont été directement conçues d'après le

---

1. O. Mothes, *op. cit.*, p. 19 et s.
2. Kreuser, *Christliche Kirchenbau*, 2e année, 1860.
3. A. Kempeneers, *Le type des églises construites par et depuis l'empereur Constantin*, Liége, 1881.

46

modèle du temple de Salomon, tel qu'il est connu par la description de l'Écriture.

Ces théories méritent à peine qu'on s'y arrête; elles ne reposent
sur aucun fondement historique. Les analogies et les textes
qu'invoquent leurs partisans montrent simplement que les Pères,
portés à rapprocher en tous points les deux Testaments, ont
cherché naturellement dans le temple de l'ancienne loi le prototype de l'église chrétienne, mais, bien entendu, le prototype
idéal et non le modèle réel.

Il ne pouvait du reste en être autrement, puisque la destination des deux espèces d'édifices était radicalement différente et
que la disposition du premier était alors très peu connue.

D'ailleurs, le christianisme, sorti, il est vrai, du judaïsme, se
présente peu de temps après avec le caractère nettement accusé
d'un schisme, adversaire de la vieille religion. Plusieurs anciennes
mosaïques rappellent cependant des scènes bibliques où l'on
retrouve des représentations du temple de Jérusalem, mais
celles-ci, grossières, totalement différentes l'une de l'autre, manquent de valeur documentaire. S'il fallait leur en accorder une,
ce serait plutôt pour conclure que c'est le temple qui a été représenté d'après la forme des églises existantes. Aussi cette opinion n'est-elle plus défendue actuellement par aucun auteur
sérieux.

Il en est une autre, qui paraît à première vue beaucoup plus
séduisante. Comme il est indiscutable que la basilique profane
est trop différente de l'église pour lui avoir servi de modèle
exclusif; comme, d'autre part, les deux formes ont certains points
de ressemblance, plusieurs archéologues ont pensé que les chrétiens purent, non pas suivre un modèle unique, mais choisir
des éléments épars dans des constructions différentes, quittes
à les ajuster ensemble pour réaliser le type adéquat. Malheureusement ces auteurs, d'accord sur le principe, diffèrent considérablement sur son application. Le contraire serait étonnant
puisqu'il ne s'agissait plus seulement de chercher un seul modèle,
mais de composer l'église au moyen d'éléments dispersés dans
plusieurs espèces d'édifices.

Adamy[1] voit dans l'église une coordination heureuse de

---

1. R. ADAMY, *Architektonik der altchristlicher Zeit*, Hannover, 1884. Dans

plusieurs grandes salles antérieures. Seulement, la restitution qu'il présente de ces salles pour les besoins de la cause est fort arbitraire.

Lübke [1] reconnaît, dans la basilique chrétienne du IVe siècle, une création originale dérivant de nécessités nouvelles et qui aurait été obtenue par l'imitation de divers édifices ou parties d'édifices antiques.

D'après M. L. Bréhier [2], « les chrétiens combinèrent, au IVe siècle, les nefs de la basilique civile avec l'atrium de la maison romaine ».

Telle est aussi, dans son essence, l'idée de MM. Camille Enlart [3], A. Pératé [4] et J.-A. Brutails [5]. Ces trois archéologues éminents basent simplement leur opinion sur la ressemblance architectonique, sans l'étayer sur d'autres preuves. Il est vrai qu'ils ne traitent la question qu'accessoirement.

Le Père Henri Leclercq [6] et Dom Cabrol [7] se rapprochent de l'avis de Bréhier : « Aux basiliques civiles les églises ont emprunté leur forme oblongue, leurs colonnades intérieures, la forme de leur toiture ; aux maisons romaines, leur atrium; aux exèdres et autres salles de réunion, leurs absides. » Dom H. Leclercq n'exclut pas non plus une influence juive. D'après l'érudit bénédictin, la question paraît, en somme, insoluble.

Le Père A. Kuhn [8] pense que trois facteurs ont contribué à la formation du type : d'abord un besoin nouveau se manifestant au début du IVe siècle : celui d'un espace adapté aux nécessités du culte de l'Église délivrée enfin de ses entraves ; en second lieu, une idée nouvelle : l'église matérielle devant être la figure de

un ouvrage antérieur : *Die Architektur als Kunst*, Hannover, 1880, p. 178, Adamy tient encore pour la basilique judiciaire.

1. Lubke-Semrau, *Die Kunst des Mittelalters*, Stuttgart, 1905, p. 67.

2. L. Bréhier, *Les Basiliques chrétiennes*, Paris, pp. 5, 9, 15.

3. C. Enlart, *Manuel d'archéologie française*, Paris, 1902, p. 116 et s.

4. A. Pératé, *L'Architecture chrétienne en Occident*, dans *Histoire de l'Art*, publiée sous la direction d'André Michel, Paris, 1905, p, 98-99.

5. J.-A. Brutails, *Précis d'archéologie du moyen âge*, Paris, 1908, p. 39.

6. Dom H. Leclercq, *op. cit.*, Paris, 1907, t. II, p. 65 et s.

7. Dom Cabrol, *Dictionnaire d'archéologie et de liturgie chrétiennes*, I, col. 535, article *Basilique*.

8. A. Kuhn, *Allgemeine Kunstgeschichte*, Einsiedeln, I, p. 278.

THÉORIES RELATIVES A CETTE ORIGINE

l'Eglise universelle du Christ et une sorte d'arc de triomphe érigé par elle à l'occasion de sa victoire définitive sur le paganisme; enfin, un ou plusieurs modèles existants, surtout les basiliques privées et les salles égyptiennes des maisons romaines telles que les décrit Vitruve.

Le Père Kuhn a le tort, dans son grand ouvrage, de traiter souvent l'histoire comme une science de raisonnement et d'adapter certains faits à des théories préétablies. Ainsi il est dans l'erreur lorsqu'il affirme que le besoin nouveau, ici en question, ne s'est manifesté qu'au IVe siècle. Il sera démontré que l'Eglise, bien avant sa libération, possédait un culte et une liturgie développés, avec des locaux spécialement adaptés à ceux-ci. Il se trompe encore quand il croit qu'une idée, comme celle du triomphe du christianisme, puisse, particulièrement à une époque de décadence artistique, comme le IVe siècle, donner naissance à la forme d'une catégorie d'édifices. Tout au plus peut-on admettre que cette idée a inspiré quelques motifs de décoration. Quant au troisième facteur cité par lui, il en a déjà été fait justice.

Tous ces auteurs n'appuient leurs hypothèses que sur des observations de pure convenance. On peut donc passer outre, d'autant plus qu'ayant tous mal posé le problème, ils ne pouvaient y donner une solution exacte.

Car il ne s'agit pas d'une simple question architectonique comme ils semblent le supposer, mais avant tout d'une question historique. Il ne faut pas seulement rechercher les modèles que les chrétiens *ont pu* suivre pour arriver aux résultats constatés; il faut surtout déterminer *pourquoi ils ont en réalité* construit comme ils l'ont fait.

Bien plus, ces auteurs ont cherché le modèle des églises du IVe siècle dans des édifices de toute nature, sauf dans ceux dont l'influence devait paraître la plus naturelle, c'est-à-dire les églises elles-mêmes. Ils soutiennent, en effet, les uns qu'avant le règne de Constantin, les chrétiens n'ont pas possédé d'églises au sens propre du mot; les autres, que ces églises n'ont aucun rapport avec les basiliques. C'est là une erreur fondamentale. Il est actuellement prouvé péremptoirement que, longtemps avant la paix et vraisemblablement à partir du IIe siècle, les chrétiens ont eu un grand nombre d'églises, non seulement à Rome, mais dans tout l'empire et qu'ils possédaient alors aussi un ensemble de coutumes et une liturgie déjà suffisamment fixes pour donner à ces églises un caractère original. Comme elles avaient été confisquées ou détruites durant la persécution de Dioclétien, l'un des premiers soins de Constantin et des chrétiens, après la proclamation de la paix, fut de les rebâtir et d'en construire de nouvelles. Il n'était pas nécessaire, à cet effet, de chercher des modèles dans les édifices profanes ou de créer de toutes pièces un type nouveau : dix ans d'interruption n'extirpent pas une tradition vieille de deux siècles et les modèles de l'époque précédente ont pu parfaitement se reproduire et se développer.

Cela revient à dire que ce que l'on entend dans beaucoup de traités d'archéologie sous le nom de « période latine » n'est pas la première période de l'histoire de l'architecture chrétienne, mais bien la seconde. Par le fait même, la question se transforme et se réduit à reconstituer cette première période, à l'identifier et à établir les rapports qui existent entre les églises antérieures à Constantin et celles du IVe siècle.

La question ainsi posée constitue déjà un progrès sensible. Malheureusement, les documents qui prouvent l'existence des églises au IIIe siècle sont muets ou à peu près sur leur forme et leur aménagement, si bien qu'une grande divergence dans les opinions réapparaît.

De l'époque des persécutions, il ne nous reste qu'un seul genre de monuments chrétiens : les catacombes. Leur destination fut longtemps discutée. On s'est plu à dire qu'elles furent les premiers lieux de réunion de l'Eglise chrétienne, qu'elles lui servirent de refuge pour la célébration des saints mystères et les prédications de l'Evangile. Il s'est créé autour de cette hypothèse une quantité de légendes représentant l'Eglise passant, dans les entrailles de la terre, les trois premiers siècles de son existence. On sait aujourd'hui, d'une manière péremptoire, que les catacombes ont servi principalement, on pourrait dire exclusivement de lieu de sépulture. Néanmoins, il a été si longtemps dit et répété que les oratoires des catacombes ont été les principaux, sinon les seuls lieux de réunions cultuelles, qu'il était tout naturel d'y chercher le modèle et le prototype des églises construites après la paix.

Et, de fait, sauf naturellement des différences considérables dans les dimensions, il existe entre eux certains points de ressemblance. Dans quelques chapelles souterraines, on voit très nettement la place réservée au clergé, distincte de celle des fidèles et des catéchumènes, l'emplacement de l'autel, le siège de l'évêque, etc. (fig. 38).

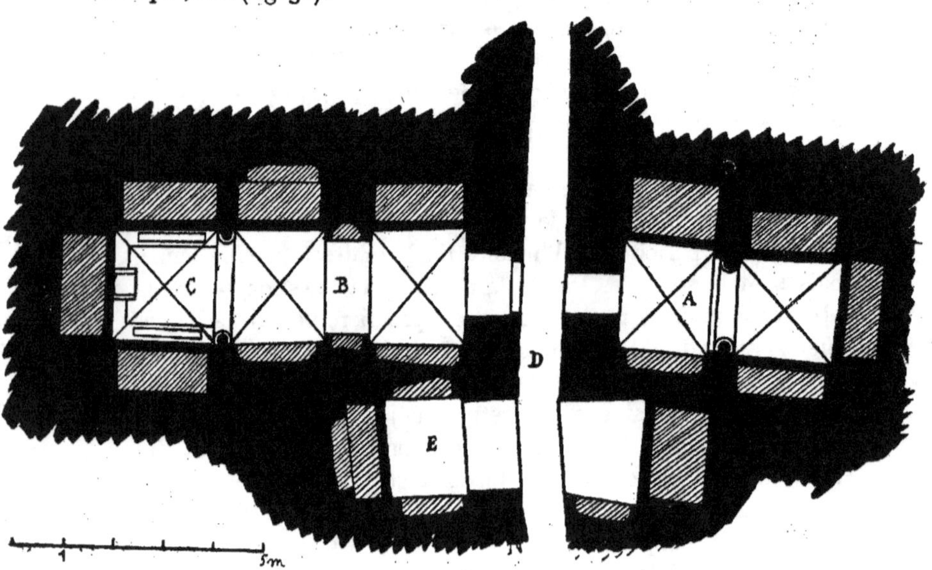

FIG. 38. BASILIQUE SOUTERRAINE DU CIMETIÈRE SAINTE-AGNÈS, A ROME.
(D'après Marchi.)

Séroux d'Agincourt[1], Marchi[2], Martigny[3] et Richter[4] se basent sur ces analogies pour conclure à une filiation directe. Ce dernier pousse même la comparaison jusqu'à assimiler l'arc triomphal des basiliques à l'arcosolium des catacombes et à considérer l'un comme l'agrandissement de l'autre. Roisin[5] et Aubert[6]

1. SÉROUX D'AGINCOURT, *Histoire de l'Art par les monuments*, I, p. 26 e s.
2. *Monumenti delle arti cristiane primitive*, Roma, 1844.
3. MARTIGNY, *Dictionnaire des antiquités chrétiennes*, Paris, 1865, I, p. 77-79.
4. RICHTER, *Der Ursprung des abendl. Kirchengebäudes*, Wien, 1878.
5. *Bulletin monumental*, t. XXVI, p. 263.
6. *Revue de l'Art chrétien*, 1862, p. 22 et s.

sont d'un avis analogue. Leur seul argument est tiré d'un vague symbolisme et il se retourne d'ailleurs contre leur thèse. Les catacombes ne servirent aux cérémonies du culte que dans des circonstances exceptionnelles : aux jours les plus violents de la persécution, alors qu'il ne pouvait être fait usage des locaux ordinaires, et aux anniversaires de certains martyrs, lorsque les fidèles se réunissaient autour de leur tombeau. Mais les églises affectées à l'exercice ordinaire du culte s'élevaient toutes au-dessus du sol. Ceci admis, n'est-il pas évident que ce sont ces dernières qui inspirèrent la forme des oratoires souterrains ? Aucun de ceux-ci, du reste, n'est antérieur au IIIe siècle. Où les chrétiens se réunissaient-ils alors au Ier et au IIe siècle ? Comment ces quelques caveaux minuscules pouvaient-ils contenir cette « multitudo ingens » dont parle Tertullien ? Autant de questions sans réponse.

Aussi la théorie des catacombes est définitivement abandonnée et les historiens sont d'accord aujourd'hui pour affirmer qu'il faut chercher dans les édifices érigés au-dessus du sol l'ancêtre et le prototype des églises. Dans ce sens, plusieurs théories ont été préconisées.

L'une des premières et des plus originales est celle du grand historien de l'art chrétien F.-X. Kraus. Armé d'une méthode sérieuse et d'une érudition extraordinaire, l'illustre élève de J.-B. de Rossi aborda par deux fois la question. Une première fois dans la *Real Encyclopädie des christlichen Alterthumes* [1], ensuite, quelques années plus tard, dans la *Geschichte der christlichen Kunst* [2]. Sa théorie n'a pas sensiblement varié de l'un ouvrage à l'autre.

Il admet que les chrétiens ont possédé, depuis l'origine de l'Eglise, des locaux de réunion destinés à l'accomplissement des diverses fonctions de leur culte, mais il croit retrouver ces lieux de réunion dans les *œci* des maisons romaines et particulièrement dans les basiliques des palais. Cette façon de voir, qui se rapproche étroitement de celle de Messmer, a déjà été discutée plus haut. On peut supposer que les basiliques aient servi parfois à cet usage, comme ce fut probablement le

---

1. Freiburg-in-Breisgau, 1882, article *Basilika*.
2. *Ibid.*, 1896, t. I, p. 269 et suiv.

cas pour d'autres édifices. Le texte du Pseudo-Clément, cité par Kraus [1], parlant d'un certain Théophile d'Antioche qui *domus suae ingentem basilicam ecclesiae nomine conservaret*, semble du reste le prouver.

Mais tirer de là une règle générale paraît dépasser tout à fait les prémisses. Il a déjà été observé que le nombre des palais pouvant comprendre une basilique véritable était très restreint. A plus forte raison devait-il en être ainsi des palais appartenant à des chrétiens. Il est tout à fait invraisemblable qu'il se soit trouvé parmi les fidèles, durant trois siècles, un nombre de patriciens suffisant pour mettre leurs maisons à la disposition continuelle des communautés chrétiennes.

Kraus exagère d'ailleurs, semble-t-il, l'importance de ces basiliques palatines. Elles ne constituaient, cela a déjà été dit, que des dépendances des palais et le rapport de leur superficie avec celle de l'ensemble est toujours à peu près le même. Au palais des Flaviens, sur le Palatin, par exemple, ou à celui d'Adrien, à Tivoli, la basilique, qui en constitue l'une des pièces principales, possède à peine les dimensions d'une petite église chrétienne (fig. 35 et 37). A plus forte raison, les basiliques des maisons particulières devaient-elles être de dimensions encore plus réduites.

Quand Kraus soutient ensuite qu'en dehors des basiliques privées les chrétiens n'ont probablement pas possédé d'églises proprement dites, du moins dans les villes, il ne fait que jouer sur les mots. Si l'on entend par églises des édifices entièrement semblables à ceux du IVe siècle, il a peut-être raison. Mais si, comme il convient, on comprend sous ce nom des constructions d'un type quelconque, destinées ou adaptées spécialement au culte, il verse dans l'erreur. A l'en croire, il n'existait, en dehors des basiliques, qu'une seule espèce de constructions chrétiennes au-dessus du sol : les *cellae cimeteriales* ou *memoriae*, élevées dans l'enceinte des cimetières. D'après lui, elles ont servi régulièrement aux réunions. Elles se terminaient par une ou par trois absides et restaient ouvertes sur le devant. Le clergé s'y tenait pendant l'office; en face, dans une grande *area*,

1. *Op. cit.*, I, p. 259.

en plein air, étaient groupés les fidèles, séparés en diverses classes par des balustrades.

Ce serait la réunion de ces deux genres d'édifices, la *cella* des campagnes et la basilique des villes, qui, au IVe siècle, aurait engendré le type définitif des églises, la nécessité s'imposant de protéger contre les intempéries des saisons l'*area* découverte.

Cette théorie soulève beaucoup d'objections[1]. Son grand défaut est de n'être qu'une hypothèse et de ne s'appuyer sur aucun document probant. On sait déjà ce qu'il faut penser de la basilique privée. Quant à la *cella*, sans compter qu'aucune n'est antérieure au IVe siècle, son caractère semble bien avoir toujours été celui d'une construction funéraire, apparentée intimement au mausolée romain. Témoin son plan central dont la ressemblance avec l'abside des basiliques constantiniennes est

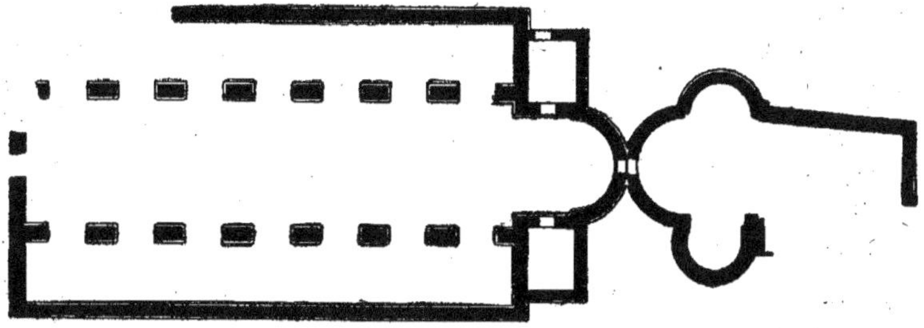

FIG. 39. PLAN DE L'EGLISE SAINTE-SYMPHOROSE, PRÈS DE ROME.

bien vague. Il est très admissible que, dans ces oratoires, on célébrait, à certains jours de fête, le souvenir des morts illustres et qu'alors le peuple se groupait à l'entour; mais, encore une fois, c'étaient là des manifestations spéciales et il est impossible que, durant trois siècles, les fidèles aient dû, pour célébrer leurs saints mystères, se rendre par une longue route en dehors des villes et se tenir, en pleine campagne, sous l'ardeur du soleil ou sous les rafales du vent et de la pluie.

Du reste, où sont, ailleurs qu'à Rome, les traces de ces *cellae ?* Où sont, à Rome même, les vestiges des enclos réservés aux fidèles? Et puis comment, au IVe siècle, cette singulière com-

1. Cfr. WIELAND, *op. cit.*, p. 92 et s.

54

THÉORIES RELATIVES A CETTE ORIGINE

binaison, tout arbitraire et artificielle, d'une chapelle funéraire
et d'une partie de maison de ville, a-t-elle été adoptée dans
tout l'empire avec un ensemble parfait ?

L'exemple de Sainte-Symphorose, sur lequel s'appuie particulièrement Kraus, prouve plutôt le contraire (fig. 39). Si sa
théorie était vraie, une basilique toute nouvelle n'aurait pas
été adossée à une *cella* intacte, mais la *cella* elle-même aurait
servi d'abside à l'église.

Il ne faut point s'étonner que pareille théorie, adoptée par
quelques-uns [1], ait été fortement battue en brèche par d'autres
et que les recherches se poursuivirent dans des sens tout différents.

Déjà avant Kraus, certains textes de l'Ecriture et des Pères
de l'Eglise, se rapportant aux assemblées chrétiennes tenues
dans les maisons particulières, avaient attiré l'attention de
plusieurs archéologues en quête d'une voie nouvelle. Le point
principal était de retrouver, dans les maisons des trois premiers
siècles, une ou plusieurs salles dont le développement, sans
adjonction arbitraire d'éléments étrangers, aurait engendré la
forme basilicale.

K. Lange [2] conclut, d'une analyse détaillée de la maison gréco-
romaine et des basiliques civiles, que les salles en question
doivent avoir été ordinairement les *scholae* existant dans certaines maisons. Celles-ci sont parfois, en effet, des salles à une
seule nef terminées par une abside semi-circulaire. Quand il fallut
les agrandir après les persécutions, on s'inspira de la basilique
civile pour remplacer le vaisseau unique par trois nefs parallèles.

M. Brown [3] reprit cette thèse. Elle manque cependant de
preuves et ne résiste pas à cette considération élémentaire que,
dans la *schola*, les auditeurs s'asseyaient en demi-cercle dans
l'exèdre tandis que, dans l'église, cette place est réservée constamment aux évêques et aux prêtres. Du reste, au IIIe siècle,
les écrivains ecclésiastiques font toujours une distinction très
nette entre les concepts de *schola* et de *ecclesia* [4].

---

1. C.-M. KAUFMANN, *op. cit.*, Roma, 1908, p. 126.
2. K. LANGE, *Haus und Halle*, Leipzig, 1885, p. 270-326.
3. BROWN, *From schola to Cathedral*, Edimburg, 1886.
4. Cfr. St. Hippolyte, (P. L., t. XVIII, 12, col. 458).

L'ORIGINE DE LA BASILIQUE LATINE

D'après Witting [1], le point de départ est à rechercher dans une grande pièce quelconque de la maison qui s'est transformée en basilique par la simple juxtaposition de trois salles dont on a remplacé les murs de refend par des arcades sur colonnes. Les preuves qu'il allègue sont purement architectoniques et fort sujettes à caution, car il est peu admissible, nous verrons pourquoi, que les assemblées de fidèles aient jamais eu lieu, à partir du IIe siècle, dans des salles à une seule nef.

Une théorie analogue, et qui n'est guère mieux étayée d'arguments, est exposée par Hauck [2] et a été défendue encore récemment par Springer [3]. D'après lui, on ne sait pas exactement quelle salle fut utilisée au début, mais l'église du IVe siècle n'est cependant que le développement d'une petite pièce qui fut appelée basilique, lorsqu'elle atteint des dimensions considérables.

Mgr Crostarosa [4] a soutenu jusqu'à la fin de ses jours la théorie de la basilique privée, partie de la maison ; cependant il ne considère pas cette basilique comme un modèle imité au IVe siècle, mais comme l'ancêtre naturel de l'église. Il ne requiert pas, d'autre part, comme Kraus, l'appoint d'un autre facteur comme la *cella*. Pour lui, les églises, que les textes renseignent comme bâties sur l'emplacement des maisons, ne sont autre chose que des transformations ou des agrandissements de basiliques privées. Les exemples cités par l'auteur, tels que Sainte-Cécile du Transtévère et Saint-Étienne in via Latina, n'ont aucune valeur probante. A conclure de la partie au tout, quelles dimensions auraient dû avoir les maisons situées en pleine ville de Rome dont les basiliques mesuraient 30 à 40 mètres de longueur !

Tous les auteurs qui cherchent le prototype en question dans une des salles secondaires de la maison semblent ne pas avoir tenu compte suffisamment ni de la liturgie primitive, ni de la forme de la maison romaine elle-même, sinon ils auraient compris qu'un *œcus*, un *triclinium* ou même une basilique domestique ne pouvaient contenir des réunions nombreuses ni convenir à des assemblées hiérarchiquement classées.

---

1. F. WITTING, *Die Anfänge christlicher Architectur*, Strassburg, 1902.

2. *Real Encyclopädie für protestantischen Theologie*, Leipzig, 1901, article *Kirchenbau*.

3. SPRINGER, *Manuale di storia dell'arte*, Bergamo, 1906.

4. CROSTAROSA, *Le Basiliche cristiane*, Roma, 1892.

THÉORIES RELATIVES A CETTE ORIGINE

Le professeur Dehio [1] l'a démontré dès 1882. Il en a déduit avec raison que ce n'est pas une salle particulière de la maison, mais l'ensemble de celle-ci qui a fait office de *conventiculum*; il appuie sa théorie sur des considérations dont, de son propre aveu, chacune est insuffisamment probante par elle-même, mais dont l'ensemble fait impression.

Il commence par établir — et il a complètement raison — que, contrairement à l'avis de Kraus et de Crostarosa, le culte chrétien ne se célébrait ordinairement ni dans les grands palais, ni dans les demeures des pauvres, mais dans les habitations de la classe moyenne aisée. Puis, il reconstitue le type de la maison patricienne et démontre qu'elle ne possède qu'une seule salle assez grande pour recevoir un nombre considérable de personnes, c'est-à-dire l'atrium ou cour centrale, couverte sur les contours, hypètre au milieu. Or, il se fait que, si l'on con-

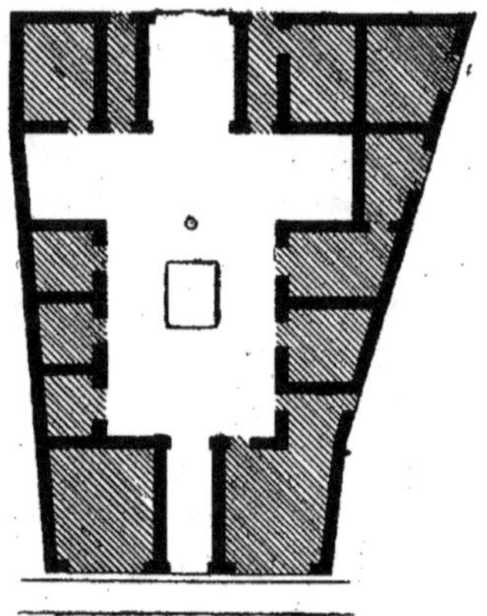

FIG. 40. PLAN DE MAISON POMPÉIENNE A ATRIUM.

sidère l'atrium comme correspondant à la nef de l'église constantinienne, la comparaison peut se continuer aisément pour d'autres parties. Ainsi l'abside se retrouve dans le *tablinum*, salon d'honneur devant lequel, à la place de l'autel chrétien, s'élevait le *cartibulum* domestique, tandis que le transept prend son modèle dans les *alae* symétriques, adjacentes au fond de l'atrium (fig. 40).

La seule différence importante réside dans la nef couverte, qui devrait provenir d'une simple cour; mais Dehio croit que les nécessités du climat engagèrent fréquemment les Romains de l'époque impériale à fermer l'*impluvium* des maisons par un toit et, dans ce cas, pour éclairer les pièces de l'intérieur qui ne prenaient jamais jour au dehors, il fallut bien surélever la toiture

---

1. G. DEHIO, *Die Genesis der christlichen Basilica*, München, 1885. DEHIO und VON BEZOLD, *Die Kirchliche Baukunst des Abendlandes*, Stuttgart, 1892, t. I.

au centre, à peu près comme dans une basilique (fig. 41). Lorsque vint l'obligation d'agrandir considérablement l'espace réservé aux fidèles, la division par deux rangées de colonnes parallèles s'imposa comme la seule solution pratique. Ainsi se serait constitué, d'une façon naturelle, au IVe siècle, le type complet de la basilique.

Il y a, dans l'hypothèse du célèbre professeur allemand, plusieurs erreurs autour d'un fond de vérité. Sans doute, c'est bien l'ensemble de la maison romaine de moyenne grandeur qui servit de premier lieu de réunion aux chrétiens, mais Dehio reconstitue inexactement le modèle de cette maison. Celle qu'il décrit est l'ancienne demeure de la république, dont il subsistait peut-être encore des exemples à la fin du IIIe siècle, mais qui était alors, au dire de tous les auteurs, généralement remplacée par un type nouveau : la maison gréco-romaine à péristyle (fig. 42 et 43), dans laquelle le péristyle s'agrandit aux dépens de l'atrium. Les maisons pompéiennes reconstruites après le tremblement de terre de l'année 63,

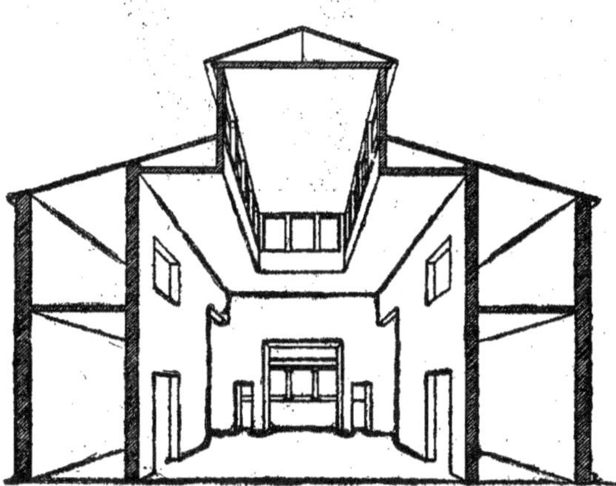

FIG. 41. ATRIUM COUVERT. (D'après Dehio.)

celle des Vettii, celle des Amours dorés, accusent déjà cette tendance. De même, les accessoires de l'atrium, tels que les *alae* et le *tablinum*, qui était, à proprement parler, une superfétation dans la maison à péristyle, disparaissent petit à petit, si bien qu'au bout de peu de siècles on en arriva tout naturellement au *palazzo* italien, encore en vogue aujourd'hui : simple péristyle à piliers entouré de quatre ailes de bâtiments à plusieurs étages.

Au lieu d'être, à la fin du Ier siècle, le centre de la maison, l'atrium n'a donc plus qu'une importance secondaire. Dans les

58

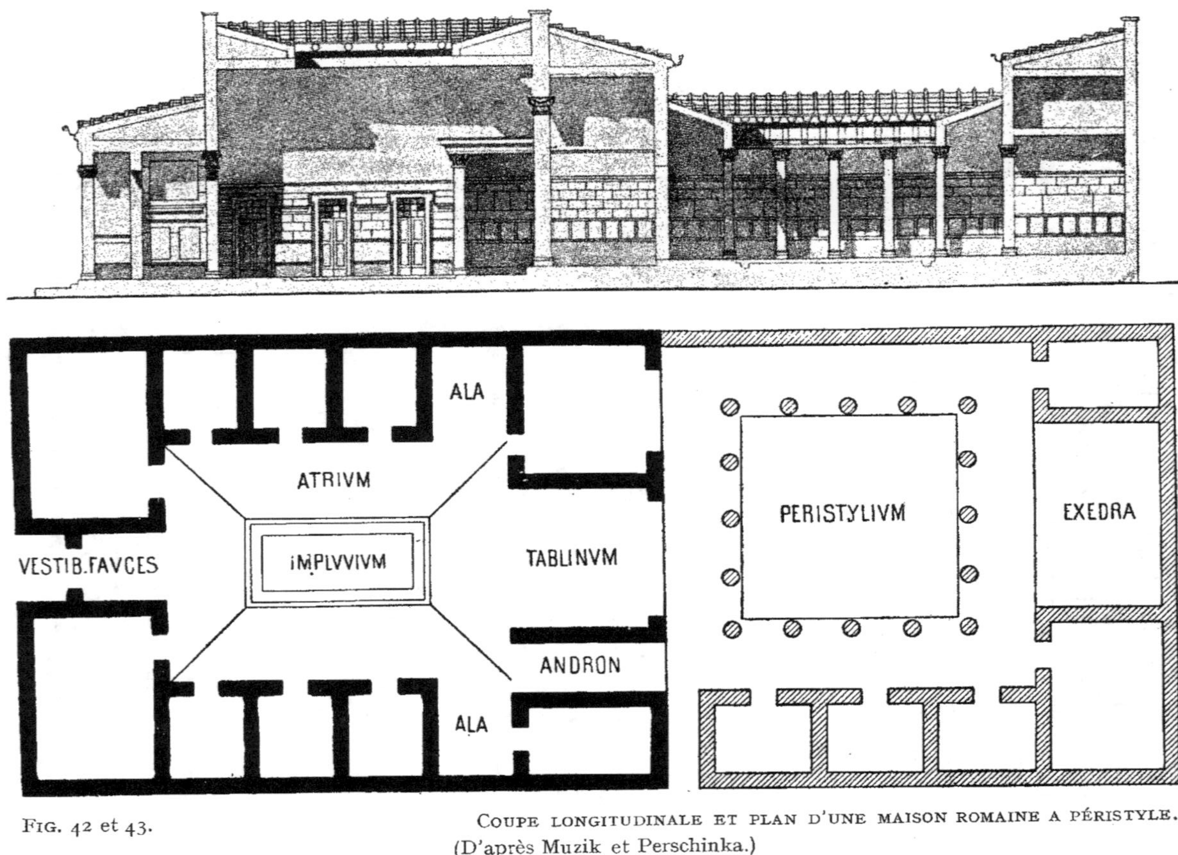

Fig. 42 et 43.

Coupe longitudinale et plan d'une maison romaine a péristyle.
(D'après Muzik et Perschinka.)

très grandes maisons, il subsiste parfois pour devenir une simple
cour à colonnades, semblable au premier péristyle grec et toujours découvert au centre.

Ensuite cette théorie ne tient pas compte d'un des éléments
essentiels de la basilique du IVe siècle, c'est-à-dire de l'atrium,
dont l'absence constituait une rarissime exception en Italie, et
qui entrait comme facteur nécessaire dans la liturgie de l'époque.
Son apparition générale et subite à l'époque de Constantin
serait un phénomène inexplicable s'il n'avait eu son précurseur.
Or, l'atrium ne trouve pas de place dans l'explication de
M. Dehio.

Grâce à l'autorité de son auteur, cette théorie a trouvé un
certain nombre d'adeptes, parmi lesquels Essenwein [1] et, pour
les traits essentiels Ramsay [2].

Le commandeur H. Marucchi [3] est d'un avis un peu différent :
« Si l'on considère, dit-il, l'ensemble de l'édifice, la basilique est
issue de la maison romaine et si l'on s'attache à l'église proprement dite, elle reproduit, en quelque sorte, le plan de la basilique
civile publique ou privée ou encore celui de l'*œcus* à colonnes. »

Enfin, Schultze [4] admet la thèse de la maison dans son
ensemble mais d'une façon plus juste que Dehio. Au Ier siècle,
dit-il, on se réunissait, pour célébrer le culte, dans un endroit
quelconque de la maison, Mais, dès le IIe siècle, il n'était
plus possible, étant donnée l'augmentation continue du nombre
des fidèles, de se passer d'édifices ordonnés spécialement en vue
des cérémonies religieuses. En Orient et en Occident, ce furent
des maisons particulières, mises à la disposition des fidèles, soit
par des donateurs, soit par la communauté elle-même, qui furent
aménagées à cet effet. En Orient, le type courant était celui de
la maison à péristyle; en Occident, c'était la maison à atrium.
Lorsqu'il fallut donner au modèle son plein développement,
deux solutions se présentèrent : agrandir le péristyle, en y
ajoutant un portique extérieur, ou bien prendre comme modèle

1. *Op. cit.*, p. 21.

2. W. M. Ramsay and G. Bell., *The Thousand and one Churches*, London,
1910, p. 305.

3. H. Marucchi, *Eléments d'archéologie chrétienne*, Rome, 1902, t. III, p. 14 ss.

4. Schultze, *Archeologie des Altchristlichen Kunst*, München, 1895, p. 37 et ss.

la grande maison patricienne gréco-romaine à péristyle. En Orient, on adopta ce premier parti; en Occident, on préféra généralement le second. L'atrium fut abandonné aux catéchumènes et aux pénitents et l'on admit les fidèles dans le péristyle qui, plus tard, fut couvert d'une toiture surhaussée, analogue à celle d'une basilique. Le *xénodochium* de Porto (fig. 22) semble à l'auteur l'exemple classique du genre. D'après lui, le type de ces églises était déjà adopté et généralisé au milieu du IIIe siècle; il dut faire son apparition à Rome dès l'époque des Sévère.

L'archéologue allemand ne dit pas quand et comment s'opéra la transformation qu'il imagine entre la maison à atrium et celle à péristyle. Les autres parties de sa théorie manquent également des preuves suffisantes et se basent uniquement sur des ressemblances architectoniques.

Son opinion n'a guère eu d'écho. Seul, le P. Grisar [1] semble partager plus ou moins son avis. Il admet que les réunions ont pu avoir lieu aussi bien dans le péristyle et l'œcus que dans l'atrium et le tablinum. Cependant, si nous ne nous trompons, Schultze a touché de près à la véritable solution du problème. Le troisième chapitre de cette étude aboutira en plusieurs points à la même conclusion que lui.

Telles sont, exposées aussi brièvement et aussi nettement que possible, les principales théories émises jusqu'à ce jour pour expliquer l'origine de la basilique chrétienne.

Dans les pages suivantes, un essai de solution nouvelle sera esquissé, d'après la méthode indiquée plus haut et qui se réduit à l'examen des trois points suivants :

1º Y a-t-il eu des églises chrétiennes proprement dites avant la persécution de Dioclétien?

2º Dans l'affirmative, quelle était la disposition de ces églises?

3º Enfin, y a-t-il entre cette disposition et celle des basiliques du IVe siècle une analogie suffisante pour permettre de conclure à une filiation ?

Pourquoi cette méthode si naturelle et si claire n'a-t-elle pas été suivie dès le début? Sans doute pour deux causes, l'une de fait, l'autre de principe.

---

1. H. GRISAR, S. J., *Histoire de Rome et des Papes au moyen âge*, t. I, p. 352 ss.

THÉORIES RELATIVES A CETTE ORIGINE

La première, c'est la disparition complète de toutes les églises antérieures au IVe siècle, soit qu'elles aient été anéanties par la persécution, soit qu'elles aient été démolies et réédifiées par les chrétiens eux-mêmes. Cette disparition, jointe à la légende de la persécution continuelle, donna naissance à l'idée que l'Église ne commença à vivre de sa vie véritable et donc aussi de celle de l'art qu'après l'édit de Constantin.

La seconde cause est une erreur de principe. On voulut dégager complètement l'architecture chrétienne de l'architecture romaine. La plupart des traités d'histoire font une division très nette entre l'art païen et l'art chrétien et ils considèrent le IIIe siècle comme la limite extrême atteinte par l'art romain ou l'art antique. Des cendres de celui-ci naît, sous Constantin, la nouvelle période : l'art chrétien. Une semblable division, qui peut paraître possible au IVe siècle, ne l'est assurément pas au IIe ni au IIIe. Voilà pourquoi les basiliques chrétiennes ont été considérées longtemps comme les premières productions complètes de la période nouvelle.

Mais pour être vraisemblable, cette théorie n'en est pas moins erronée, pour ce motif qu'un art spécifiquement chrétien n'a jamais existé et ne peut pas exister. Les constructeurs de basiliques étaient sans doute chrétiens, mais aussi Romains. Ils ne différaient de leurs concitoyens qu'en ce qu'ils étaient Romains chrétiens au lieu d'être Romains païens. Etre Romain chrétien veut dire avoir de Rome la nationalité, les coutumes, la langue, le gouvernement, la civilisation et l'art, quitte à posséder d'autres croyances et à pratiquer une autre morale qu'une partie de ses concitoyens. L'art n'est pas le produit d'une croyance religieuse, mais d'une civilisation dans son ensemble. En même temps qu'on construisait en Italie des églises chrétiennes, on bâtissait encore des thermes, des basiliques profanes, des arcs de triomphe et même des temples païens. Dira-t-on que ces édifices appartenaient à l'art chrétien? Ou bien, soutiendra-t-on qu'ils sont d'un art spécifiquement distinct de celui des églises, alors qu'ils sont de la même époque, construits dans les mêmes matériaux, d'après les mêmes méthodes, par les mêmes architectes et par les mêmes ouvriers?

En Allemagne, en Angleterre, en Hollande, on construit actuellement des temples protestants, des synagogues juives et des églises catholiques. Prétendra-t-on qu'il y a dans ces pays trois architectures différentes? Il n'y a qu'une architecture anglaise, une architecture allemande et une architecture néerlandaise; de même il n'y eut, au IVe siècle, en Italie, qu'une seule architecture, l'architecture romaine. Avant l'apparition du christianisme, Rome comptait des monuments civils et des monuments religieux païens. Quand le christianisme se fut développé suffisamment, Rome posséda, en outre, des édifices religieux chrétiens. En principe — sinon en fait — l'introduction de ce type nouveau est dans le même rapport avec l'art romain que l'introduction des gares de chemin de fer ou des halls de dirigeables avec notre architecture moderne. Un type nouveau et un art nouveau sont deux choses différentes : les basiliques chrétiennes ne sont pas les premiers monuments de l'art chrétien, mais bien les monuments les plus importants de la période de décadence de l'architecture romaine [1].

C'est précisément parce qu'on ne voulut pas rechercher dans l'art païen même les origines de l'art religieux chrétien qu'on dut renoncer à les découvrir.

---

1. Le P. Grisar s'exprime en termes analogues : « L'Eglise, qui s'accommodait silencieusement à tous les usages de la vie courante, qui acceptait tout l'extérieur de la société contemporaine, sauf la superstition païenne et l'immoralité, pénétrant tout, élevant tout de sa pensée sublime, laissa son art sortir du sol commun de l'art romain, en lui imprimant le sceau de son esprit, de sa pureté, de sa plénitude de pensée. » (*Op. cit.*, t. I, p. 349.)

CHAPITRE III

LES ÉDIFICES DU CULTE AVANT LE IVᵉ SIÈCLE

S'il faut entendre sous la dénomination d'églises des édifices entièrement semblables aux basiliques du IVᵉ siècle, l'opinion de Kraus et d'autres auteurs est exacte : leur existence avant Constantin n'est point prouvée. Mais telle n'est pas la question. Il s'agit de savoir si, pendant trois siècles, les réunions cultuelles ordinaires des chrétiens eurent lieu dans des locaux destinés principalement à d'autres usages, ou bien dans des édifices uniquement réservés au culte et aménagés pour ses besoins. De cette alternative, il faut sans aucun doute admettre le dernier terme.

L'histoire de la liturgie en fournit une première preuve. Dès le début du IVᵉ siècle, c'est-à-dire dès l'apparition des premières basiliques, l'existence d'une liturgie se manifeste clairement. Elle diffère encore de région à région par quelques détails, mais elle est déjà une dans ses règles essentielles.

L'ordre des cérémonies et l'endroit où elles doivent s'accomplir sont fixes [1]; des places invariables sont réservées aux sièges de l'évêque et des prêtres, à l'autel, aux ambons, à la prothésis, au diaconicum, au baptistère et aux autres accessoires; les fidèles eux-mêmes sont séparés en groupes d'après le sexe, la dignité, le degré d'initiation, etc.

Or, une distribution aussi compliquée ne pourrait assurément se pratiquer dans des édifices quelconques, de forme indéterminée; elle exige un milieu spécial et invariable. D'autre part, on ne peut raisonnablement soutenir que ces formalités multiples

---

1. DUCHESNE, *Les Origines du culte chrétien*, Paris, 1898, p. 81. — MARUCCHI, *op. cit.*, p. 33.

aient été inventées d'un coup en même temps que les basiliques. La liturgie est un code de *coutumes* consacrées par le temps; elle ne se crée pas, surtout à cette époque, par un seul décret. L'évolution des cérémonies rituelles peut, du reste, être suivie dans ses traits principaux à partir des temps apostoliques. Des auteurs tels que saint Irénée, saint Justin, Origène et saint Cyprien, en indiquent clairement les phases [1].

Cette liturgie s'est donc formée avant le IVe siècle et il devait exister, antérieurement à cette date, des édifices de forme spéciale où elle a pu s'exercer, c'est-à-dire des églises.

Le simple bon sens empêche d'ailleurs d'admettre que les chrétiens des trois premiers siècles n'aient connu, en fait de locaux d'assemblée, qu'un perpétuel et insupportable provisoire. Comment croire que ces légions innombrables de fidèles si admirablement organisés, répandus dans tous les pays, dans toutes les classes de la société romaine, n'aient même pas eu un local fixe pour se réunir? Comment admettre que les chrétiens aient été réduits, pendant trois cents ans, à mendier une hospitalité aussi encombrante qu'ingrate?

Aujourd'hui, grâce au recul de l'histoire, il est aisé de reconnaître, dans les trois premiers siècles de l'Église, une époque de transition et de provisoire; mais les chrétiens n'envisageaient pas ainsi les temps où ils vivaient. Ignorant l'avenir et la tournure que prendraient les événements, ils considéraient, sans aucun doute, leur situation comme définitive et agissaient en conséquence.

On aurait tort, d'ailleurs, de se figurer que l'existence notoire de sanctuaires chrétiens fût chose impossible et que le christianisme, quoique religion illicite, ait été persécuté continuellement. Il y eut, entre les persécutions, particulièrement au IIIe siècle, de longues périodes de liberté durant lesquelles l'Église put s'étaler au grand jour avec son culte et ses temples. Un grand nombre de textes des écrivains ecclésiastiques du IIIe et du IVe siècle l'attestent. Il suffira de rappeler ici le témoignage de saint Optat (IVe siècle), qui note l'existence, à Rome, de plus de quarante églises à l'époque des Sévère [2].

---

1. WIELAND, *op. cit.*, p. 23-26 et 47-57.
2. *De Schismate donatistarum*, lib. II, n° 4 (P. L., t. XI, col. 954) : « Non

LES ÉDIFICES DU CULTE AVANT LE IVe SIÈCLE.

Il semble, du reste, superflu de s'attarder à cette démonstration; presque tous les archéologues sont d'accord sur ce point : Lange, Brown, Witting, Springer, Crostarosa, Dehio, Marucchi, Schultze, Leclercq et d'autres. Ce dernier dit textuellement : « L'existence d'un nombre considérable d'édifices chrétiens destinés au culte avant la paix de l'Église est un fait indiscutable [1].»

enim grex aut populus appellandi fuerant pauci, qui inter quadraginta et quod excurrit, basilicas, locum ubi colligerent, non habebant .»

[1]. Dom CABROL, *op. cit.*, article *Basilique* par Dom LECLERCQ.

CHAPITRE IV

DISPOSITION DES ÉGLISES ANTÉRIEURES
AU IVᵉ SIÈCLE

Des églises chrétiennes proprement dites ont donc existé avant
le IVᵉ siècle. De ce fait, il ne résulte pas nécessairement qu'elles
aient existé dès le début du christianisme, c'est-à-dire dès le
Iᵉʳ siècle; en effet, une période faite d'essais et de tâtonnements a dû forcément précéder la solution définitive. Pendant
les premières années qui suivirent la mort de Notre Seigneur,
les communautés chrétiennes se composaient exclusivement de
Juifs convertis et les apôtres exercèrent d'abord leur propagande
et leur prédication sous les portiques du temple et dans les
synagogues.

Bientôt ces groupes, accusés de schisme et d'infidélité, furent
expulsés des collèges judaïques et n'eurent d'autre ressource
que de se réunir dans les premiers locaux venus, soit des édifices
publics, soit des *scholae*, comme celle de Tyrannus, à Éphèse,
soit d'autres bâtisses quelconques.

Cependant, outre les séances d'apostolat, des réunions plus
intimes de fidèles étaient nécessaires; elles recherchaient le calme
et l'éloignement des regards profanes. Une seule espèce de locaux
leur offrait une tranquillité et une sécurité suffisantes : les salles
de maisons particulières. Les textes sont formels à ce sujet. Il
suffit de citer la première épître aux Corinthiens [1], où saint Paul
salue Aquilas et Priscilla et *l'église (ou l'assemblée) qui est dans
leur maison;* il salue de même Nymphas [2], Aristobule, Philémon [3]

---

1. I *Cor.*, XVI, 19.
2. *Col.*, IV, 15.
3. *Phil.*, II.

et *l'église qui est dans leur maison*. Les autres épîtres, de même que les *Actes des Apôtres*, fournissent un grand nombre de témoignages du même genre.

Une tradition très ancienne signale à Rome deux églises domestiques : celle d'Aquilas et de Prisca, sur l'Aventin, où saint Pierre lui-même aurait habité et prêché, et celle de Pudens, sur le Vinimal. D'après cette tradition, Pie Ier aurait, vers l'année 145, consacré comme église la maison même de Pudens[1]. Au IVe siècle, saint Optat signale, comme ayant existé antérieurement à la paix, plusieurs églises domestiques parmi lesquelles celles de Fausta, sur le Latran, celle de Carisius et celle d'Émeritus[2].

Une considération sur laquelle on n'a pas, jusqu'ici, attiré suffisamment l'attention est celle tirée du caractère du mobilier liturgique primitif. Le calice, la patène et l'autel lui-même datent certainement d'avant le IVe siècle. Que sont-ils originairement? Rien autre que des ustensiles domestiques en usage dans toutes les bonnes maisons et servant occasionnellement pour l'exercice des fonctions liturgiques. L'autel est l'une de ces tables de marbre ou de bois que l'on trouve encore dans plusieurs maisons de Pompéi; les nappes sont les linges qui les couvraient; le calice est une coupe à boire; la patène est un simple plat ou une vulgaire assiette à pain. Ces objets ne rappellent-ils pas irrésistiblement leur milieu naturel : la maison? Il est à peine permis d'en douter. Aussi les auteurs opposés à cet avis deviennent-ils de plus en plus rares. Ceux qui sont cités plus haut[3] et d'autres encore, comme Kraus et Mothes, sont d'accord sur ce point. Inutile donc de s'attarder à prouver un fait qui semble, lui aussi, définitivement acquis.

Mais l'accord n'est plus unanime lorsqu'on en vient à déterminer *comment* se pratiquaient dans les maisons les assemblées chrétiennes; cette question a été résolue dans des sens fort divers, par suite du manque absolu de documents explicites.

Tous les textes disent que les communautés se réunissaient dans les maisons; aucun n'indique clairement dans quelle partie de la maison. N'est-ce pas là un premier indice montrant qu'il ne

1. *Cf.* Mothes, *op. cit.*, p. 11.
2. *De Schismate donatistarum*, I, 23.
3. Voir page 67.

s'agissait pas ordinairement d'une partie, *mais de la maison dans son ensemble?* Il faut le penser avec Dehio et Schultze.

Pour asseoir cette opinion, il est nécessaire d'établir exactement la disposition d'une maison romaine. Il sera facile ensuite d'examiner la possibilité, pour les chrétiens, d'y tenir leurs réunions et la façon dont ils purent le faire.

Si l'on en croit les divers historiens qui ont parlé de l'architecture domestique romaine [1], il faut distinguer, au Ier siècle de l'empire, trois espèces de maisons :

Les maisons des pauvres, en immense majorité. Elles consistaient communément en des réduits plus ou moins misérables, à plusieurs étages, du moins à Rome, et dans lesquels les habitants passaient le moins de temps possible. Celles-ci n'ont évidemment servi de lieu de réunion que dans des circonstances tout à fait exceptionnelles.

A l'autre extrémité de l'échelle sociale se trouvent les palais des empereurs et des très riches patriciens. S'étendant parfois sur une superficie immense, ces édifices comprenaient un grand nombre de salles spacieuses, dont chacune pouvait abriter aisément une foule de personnes; mais ces palais étaient des exceptions: on n'en comptait que quelques-uns à l'intérieur de Rome [2] et beaucoup de villes de province n'en possédaient pas. D'ailleurs, pour les mettre à la disposition de la communauté, leurs propriétaires devaient être des chrétiens fervents. Or, au début, la nouvelle doctrine ne recrutait guère d'adeptes parmi les grands du monde. Sans doute, si certaines salles des palais, telles les basiliques privées, ont pu servir parfois au culte, il faut, comme l'affirme Dehio, renoncer à y trouver ses locaux habituels.

Restent les maisons patriciennes ordinaires, très nombreuses dans toutes les villes, même dans celles de province.

---

1. *Pompéi, his destruction and discovery*, London, 1847. — NICOLINI, *Le Case e monumenti di Pompéi*, Napoli, 1855-84.— BRETON, *Pompéi décrite et dessinée*, Paris, 1869. — NISSEN, *Pompéianische studien*, Leipzig, 1877. — BOISSIER, *Promenades archéologiques*, Paris, 1880, p. 239. — MÉNARD et SAUVAGEOT, *La Vie privée des anciens. La famille dans l'antiquité*, Paris, 1881, p. 633 à 646. — C. LANGE, *op. cit.*, p. 260 et suiv. — GUHL et KONER, *La Vie antique* (trad. française de Trawnsky et Riemann), Paris, 1885.—OVERBECK, *Pompéi*, Leipzig, 1884. — GRUPP, *Kulturgeschichte der römischen Kaiserzeit*, München, 1903, t. I, p. 40. — THEDÉNAT, *Pompéi, histoire. Vie privée*, Paris, 1906, p. 51 ss.

2. GRUPP, *op. cit.*, p. 45.

En principe, ces habitations ne sont que le résultat du développement de la cabane italiote primitive. Celle-ci comprenait
une simple salle rectangulaire, couverte d'une toiture pyramidale, percée d'une ouverture au centre, laissant pénétrer la
lumière et échapper la fumée. Petit à petit, à cette pièce
principale se sont adjointes des pièces secondaires rangées à

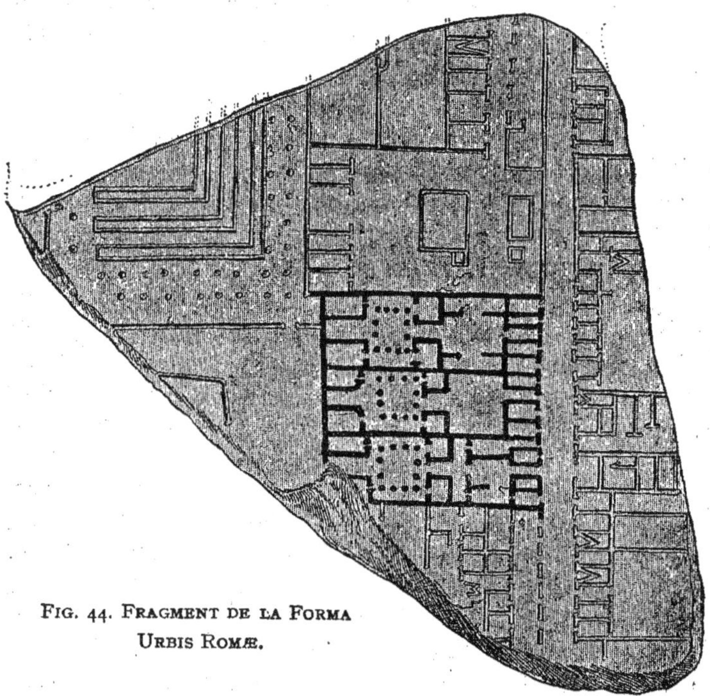

FIG. 44. FRAGMENT DE LA FORMA
URBIS ROMÆ.

l'entour, et le local du centre a pris le nom d'atrium. Ainsi s'est
constituée la maison de la république telle que l'a décrite Dehio
et dont on rencontre encore certains exemples à Pompéi, entre
autres la maison du chirurgien et celle de Salluste (fig. 40).

Nous avons déjà eu l'occasion de montrer que Dehio prend à
tort ce modèle comme le type habituel de la maison romaine
à l'époque impériale. Dès le Ier siècle avant Jésus-Christ,
l'influence grecque l'avait transformée, ou plutôt agrandie, de
telle sorte qu'au lieu d'être le centre principal, l'atrium ne con

stituait plus que le centre secondaire de l'habitation [1]. L'examen des maisons de Pompéi, de celles découvertes à Rome et des plans conservés dans la *Forma Urbis* (fig. 44) permet d'affirmer avec certitude que l'habitation patricienne habituelle sous les empereurs était la maison gréco-romaine à atrium et péristyle [2]. C'est, sans aucun doute, dans celle-ci qu'il faut trouver les premiers lieux de réunion des chrétiens.

Il existait aussi, il est vrai, des maisons de campagne capables d'offrir des locaux suffisants aux assemblées chrétiennes; mais, ne l'oublions pas, la prédication de l'Évangile s'exerça au début, presque exclusivement dans les villes et y recruta ses premiers fidèles. C'est aussi dans les villes seulement, ou dans leurs alentours immédiats, que nous trouvons des églises au IVe siècle. Et si l'on peut considérer peut-être les villas romaines comme le point de départ des monastères de l'époque suivante, elles ne donnèrent certainement pas naissance aux premières basiliques.

On considère habituellement la maison dite de Pansa, à Pompéi, comme réalisant le mieux le type de la maison au Ier siècle. Quoiqu'elle ne date pas de la dernière période et qu'au point de vue de notre démonstration, d'autres seraient plus adéquates [3], on peut l'adopter comme modèle, quitte à signaler les différences au cours de l'étude détaillée de chacune de ses parties.

La grande maison gréco-romaine (fig. 45 et 46), au lieu de s'étendre en hauteur comme la maison moderne, se développait en surface, de manière à grouper toutes les pièces autour de deux cours intérieures rectangulaires. Les plus importantes maisons patriciennes, comme celles de Pansa et du Faune, à Pompéi, occupaient tout un îlot, quoiqu'il ne faille pas considérer comme partie intégrante tout l'espace compris entre les quatre rues. La maison ne prenait jour, à l'extérieur, que par les portes; elle était entourée de tous côtés par des appartements et des boutiques louées à des commerçants, ou par des murs mitoyens.

Après l'entrée monumentale, les *fauces* et le *vestibulum*, où se tenait enchaîné le portier, on pénètre dans la première cour :

---

1. GRUPP, *op. cit.*, p. 44.
2. Dom CABROL, *op. cit.*, t. II, col. 529.
3. Par exemple celles de la *Forma Urbis*, fig. 44.

l'*atrium* (A). Elle est couverte aux quatre côtés et hypètre au milieu, afin que le bassin rectangulaire (B), appelé de ce chef *compluvium*, puisse recueillir les eaux pluviales tombant de la toiture.

Si l'atrium n'a pas de soutiens isolés, comme dans le plan ci-contre, on l'appelle atrium toscan. Si, au contraire, la toiture, au lieu d'être posée sur de longues poutres entrecroisées, est soutenue par des colonnes aux quatre angles du bassin, il se dénomme atrium tétrastyle. Si le nombre des colonnes est encore plus grand, l'atrium est qualifié de corinthien.

Derrière le compluvium se rencontre ordinairement une fontaine, un puits, une table ou un autel; parfois ils se trouvent réunis. Autour de cette première cour se groupent quelques petites pièces — des cellules — dont tout l'éclairage vient de l'impluvium. Les deux places les plus intéressantes sont les *alae*, qui forment deux dégagements largement ouverts, s'ajoutant à la cour comme une espèce de transept.

Entre l'atrium et le péristyle s'ouvre le *tablinum*, qui formait, anciennement, le centre religieux de la maison. On y conservait les portraits des ancêtres et les figures des dieux lares. Lors de l'adjonction du péristyle, il perdit beaucoup de son importance. Le fond du tablinum pouvait se fermer par une cloison mobile en bois qui séparait les deux parties principales de la maison. Un étroit passage latéral, l'*andron*, restait seul toujours ouvert.

Lorsque l'espace le permettait, le *péristyle* (C) était beaucoup plus grand que l'atrium. Une galerie de colonnes portant l'entablement et la retombée des toitures l'entourait sur les quatre côtés. La partie ouverte était agrémentée de plantes, de tables, de statues et de fontaines. Autour se groupaient les divers appartements, dont les plus importants sont le *triclinium,* donnant, au fond, sur l'un des côtés; l'autre, l'*œcus* (D), ou exèdre, situé dans l'axe même du péristyle. Ce dernier remplissait le rôle de salon d'honneur.

Beaucoup de ces maisons étaient surmontées, sur certaines de leurs parties, d'un étage, qui servait habituellement de logement pour les esclaves, parfois aussi de gynécée. Dans ce cas, le péristyle était surmonté d'une seconde galerie, également portée par des colonnes.

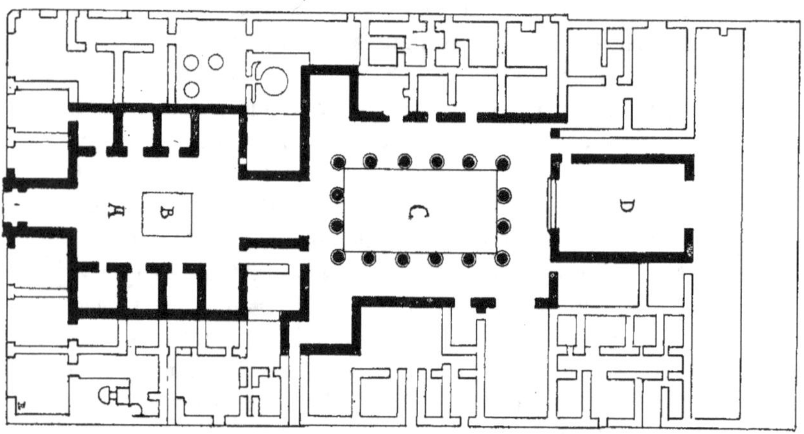

MAISONS POMPÉIENNES.

Telle était, dans ses lignes principales, la disposition de la grande maison romaine qui abrita les réunions chrétiennes des premiers siècles.

Comment se pratiquaient dans ce milieu les réunions cultuelles? Les documents directs manquent à la réponse, mais on peut les obtenir avec une certitude suffisante par déduction, grâce aux notions que nous possédons sur les coutumes romaines et la liturgie chrétienne primitive.

Les premières assemblées chrétiennes se tenant dans des maisons romaines, ont dû se pratiquer non pas d'après un rite nouveau, créé de toutes pièces, mais en tenant compte des usages et des mœurs ; et, d'autre part, si l'Église a exercé les premières fonctions sacrées dans des maisons, sa liturgie a dû se former dans ce milieu et s'y conformer. Répétons-le, la liturgie n'a pas déterminé le plan des locaux, puisque ceux-ci ont commencé par être provisoires et qu'elle-même n'avait aucune fixité; mais petit à petit, certains usages, favorisés par la disposition du lieu d'assemblée, prévalurent, s'introduisirent dans les mœurs et furent conservés par la tradition. La liturgie et le local où elle s'exerçait se sont donc développés et précisés simultanément : ils se sont entrelacés, si l'on peut ainsi parler, au point de devenir inséparables.

On peut donc affirmer qu'après une période de tâtonnements et d'essais, les réunions et les cérémonies ont dû nécessairement se pratiquer dans les maisons de la manière qui s'adaptait le mieux à celles-ci, aux mœurs romaines et au programme des réunions.

En conséquence, il faudra étudier simultanément ces mœurs et ce programme, les rapprocher et, de déduction en déduction, arriver à la solution.

D'après les auteurs qui ont étudié les usages romains, les deux parties principales de la maison, l'atrium et le péristyle, avaient chacune une destination bien distincte. L'atrium servait aux relations ordinaires du maître avec l'extérieur; il y recevait les visiteurs inconnus ou de condition modeste : clients, fournisseurs, quémandeurs. Tous les matins, l'atrium des grandes maisons se remplissait d'une foule de gens qui venaient présenter leurs hommages, demander aide et protection ou offrir leurs services. Les cloisons du tablinum coupaient alors la vue sur le péristyle, qui était réservé, de même que les appartements qui l'entouraient, à la vie de famille et aux réceptions intimes. Le propriétaire en faisait les honneurs aux personnages de marque ; il les recevait à dîner dans le triclinium, conversait avec eux dans l'œcus et dans les galeries.

Quand ce même propriétaire, devenu chrétien, reçut, certains jours, la foule des fidèles, dans quelle partie de sa maison l'introduisait-il? Certes pas, tout entière, dans l'atrium. Celui-ci était généralement trop étroit pour contenir une telle assistance ; il était également trop visible, trop proche de la rue pour qu'on pût y célébrer en paix les saints mystères. Il eût été, d'ailleurs, inconvenant de recevoir évêque, prêtres et diacres comme de simples inconnus. Pas tout entière non plus dans le péristyle : au moins eût-il été imprudent d'introduire, dans l'intimité de la demeure, quantité de gens qui n'avaient pas fait leurs preuves d'honnêteté, tels que des catéchumènes et des pénitents. Alors que fit-il? La solution est toute naturelle : il dut mettre à la fois les deux parties principales de sa maison à la disposition de l'assemblée en répartissant celle-ci d'après la dignité des membres. Ceux qui n'étaient pas baptisés restaient dans l'atrium comme de simples étrangers, tandis que les fidèles, au sens strict du mot, avaient accès dans les galeries du péristyle. Quant au clergé, il convenait de l'introduire au salon d'honneur, visible de toute part et de présider de là l'assemblée entière. Rien n'était plus facile aussi que de fermer à un moment donné les valves du tablinum et d'empêcher les non-initiés d'assister aux parties secrètes de l'office.

Cet argument est confirmé par le caractère de la liturgie primitive que plusieurs savants, surtout Mgr Duchesne[1], sont parvenus à reconstituer dans ses grands traits.

Cette liturgie dérive tout naturellement de celle des synagogues juives, au sein desquelles se sont formées les premières communautés chrétiennes : la lecture de la Bible, le chant des psaumes, les homélies, les prières, ont été repris par les chrétiens. Mais des éléments nouveaux s'y joignirent dès le début,

---

1. Duchesne, *op. cit.*, p. 81 et 153.

dont le principal, l'Eucharistie, se compose de trois parties essentielles : l'action de grâces et la prière, la fraction du pain, la distribution aux fidèles [1].

L'évêque s'asseyait, au fond, sur un trône : autour de lui siégeaient les prêtres qui assistaient simplement, tandis que les diacres se trouvaient debout, prêts à remplir leurs diverses fonctions. L'évêque est séparé du peuple par une table sur laquelle il célèbre les saints mystères, la face tournée vers les fidèles. On écoute d'abord un fragment de la Bible, lu par le lecteur, puis commence le chant des psaumes, suivi de la lecture de l'Évangile par un diacre. Alors le célébrant, toujours assis sur son trône, prend la parole pour commenter, plus ou moins longuement, le texte sacré. Suivent une prière et une bénédiction, après lesquelles les diacres renvoient les catéchumènes et les pénitents ; alors les litanies sont chantées par tous les fidèles. Après le baiser de paix, le célébrant commence le Canon, pendant que les diacres circulent parmi la foule pour maintenir l'ordre et pour voir si chacun occupe le rang qui lui revient. L'assistance communie ensuite, d'après l'ordre de dignité. D'abord l'évêque lui-même, puis les prêtres, les diacres, les sous-diacres, les lecteurs, les chantres, les ascètes, les diaconesses, les vierges, les veuves, enfin les autres fidèles. L'évêque offre le saint Sacrement au clergé et aux personnages de marque : tribuns, préteurs, etc. ; les diacres distribuent les saintes Espèces au restant de l'assemblée.

Au début, la messe se célébrait le soir, après le repas liturgique. Dès le IIᵉ siècle, elle fut reportée aux heures matinales du jour. Petit à petit, les cérémonies se fixèrent et se développèrent : elles devinrent de plus en plus solennelles. Le thème des prières et des chants, d'abord libre et pour ainsi dire improvisé par le célébrant, est arrêté ; on finit par en fixer même la formule. C'est le dernier stade, atteint déjà au IVᵉ siècle.

L'ordre de la messe ainsi exposé, d'après Mgr Duchesne, est proprement celui qui se célébrait en Syrie au début du IVᵉ siècle. Celui de Rome lui ressemblait beaucoup et était, pour le moins, aussi complexe. Sans être aussi développées, les

1. GARRETT PIERSE, *The Mass in the infant Church*, Dublin, 1909, p. 140 et suiv. — MARUCCHI, *op. cit.*, t. III, p. 34 et suiv.

parties essentielles en ont certainement existé dès le 1er siècle [1].

Or, où aurait-on pu accomplir des cérémonies semblables si ce n'est dans l'ensemble des deux cours de la maison? Où aurait-on trouvé le trône de l'évêque et les sièges des prêtres, visibles de toutes parts, si ce n'est dans l'œcus avec ses bancs préparés d'avance, tandis que les fidèles étaient répandus dans les galeries du péristyle et les catéchumènes encore plus loin, dans l'atrium?

Beaucoup d'auteurs sont d'avis que le repas eucharistique se pratiquait dans les *triclinia* des maisons. C'est là une hypothèse inadmissible, étant donné que les plus grandes salles de cette espèce ne pouvaient contenir qu'un nombre très restreint de convives. Il est, du reste, évident qu'à partir du IIe siècle tout au moins, les fidèles n'étaient pas couchés devant une table, mais que les diacres distribuaient l'Eucharistie aux fidèles, qui la recevaient sur la main.

D'autre part, la répartition des fidèles se faisait d'après une hiérarchie dont l'existence se révèle depuis les temps les plus reculés. Elle était stricte au point que chaque classe de fidèles avait à l'église sa place distincte et fixe. Ainsi la séparation des sexes était des plus complète : les hommes se trouvaient à droite de l'autel, les femmes à gauche [2]; le chœur des chantres, la schola cantorum, prenait place au milieu.

1. GARRETT PIERSE, *op. cit.*, p. 139.
2. *Constitutio apostolorum*, édition Pitra, Juris Eccles. Græc. Hist. et Mon., t. I, p. 204-205 : « La chaire de l'évêque s'élèvera au centre et le collège des prêtres s'assoiera à ses côtés, les diacres se tiendront debout. Ils veilleront à ce que dans l'autre partie de l'église les laïques prennent place en bel ordre et sans discussion, d'une part, et que, d'autre part, les femmes s'assoient et se taisent. Les portiers se tiennent à la porte d'entrée des hommes. Les diaconesses à la porte des femmes. » — *La Didascalie*, cap. XII; Paris, 1902, p. 75-76 : « Réservez une place aux vieillards du côté oriental de la maison, que le trône de l'évêque soit placé au milieu d'eux et que les vieillards siègent au milieu d'eux. Ensuite, de l'autre côté de la maison, se tiendront les séculiers. — Il faut que dans l'église les jeunes gens soient à part, les enfants se tiendront d'un côté ou bien leurs pères et mères les tiendront auprès d'eux, les jeunes filles se trouveront à part, les jeunes femmes mariées qui ont des enfants se tiendront debout à part, les femmes âgées et les veuves seront assises à part. »
Ces textes se rapportent plus directement à l'Orient. Mais comme les règles qu'ils tracent pour la place du clergé correspondent exactement à ce qui se passait en Occident, il n'y a aucun motif de douter qu'il en ait été de même pour ce qui concerne les fidèles.

Du côté des hommes se trouvaient les moines et les ascètes, puis les sénateurs. Du côté des femmes, les sanctimoniales, les diaconesses suivies par les matrones, enfin les autres fidèles. En dehors de l'enceinte se groupaient les catéchumènes et les pénitents [1].

Ces règles, ce cérémonial, cette hiérarchie se pratiquaient couramment au début du IIIe siècle et, comme la liturgie s'est formée graduellement, les origines doivent être bien antérieures à cette époque et remonter à la fin du Ier ou au commencement du IIe siècle[2].

Si l'on applique cette répartition de places à la maison romaine proprement dite, on constate qu'elle est totalement impraticable, tandis que, dans l'hypothèse de la maison gréco-romaine à péristyle, elle peut se faire merveilleusement : les deux ailes longitudinales du péristyle, séparées de la cour ouverte par des balustrades, offraient un emplacement excellent l'un aux hommes, l'autre aux femmes: la schola cantorum pouvait se tenir à ciel ouvert au milieu et être protégée simplement par des voiles tendus au-dessus de la cour [3].

Où trouver, pour les pénitents et les catéchumènes, une place en dehors de l'enceinte des fidèles, si ce n'est dans l'atrium? Il est utile de faire remarquer que cet emplacement spécial, affecté à ceux qui sont en dehors de la communauté, est un élément essentiel : ils faisaient partie des assemblées au moins dès le IIe siècle[4], et aucune des hypothèses plus haut critiquées ne permet de leur assigner une place fixe.

On est donc en droit de conclure que, dans la première période de l'existence du christianisme, les *grandes maisons romaines à péristyle servaient de lieu de réunion aux fidèles;* l'Eucharistie se célébrait au fond, devant l'exèdre, où était assis le clergé; les fidèles étaient disposés par sexes et par

---

1. TERTULLIEN, *De Pudicitia*, Cfr. KRAUS, R. E., p. 121. — Dr RAHMANI, *Testam. D.-N. J.-C.* Moguntiæ, 1899 : « Habeat ecclesia ædem catechumeno-rum quæ etiam sit ædes exorcisandorum : neque dicta ædes separata sit ab ecclesia cum necesse sit ut (catechumeni) eam ingredientes et in ipsa stantes audiant lectiones, cantica et psalmos. » Voir aussi le texte d'Eusèbe, cité p. 18.

2. MARUCCHI, *op. cit.*, t. III, p. 21.

3. GRUPP, *op. cit.*, p. 45.

4. S. JUSTIN, *Apol.*, I, 66, (P. G., t. VI, col. 428).

classes dans les galeries du péristyle; les catéchumènes et les pénitents occupaient le tablinum et l'atrium.

Quand le nombre des chrétiens eut atteint les proportions considérables dont parlent les auteurs du IIIe siècle, il est de toute évidence qu'il devint impossible de continuer à occuper ces lieux de réunion provisoires et d'être continuellement à la charge des particuliers, quelque bienveillants qu'ils fussent. On dut donc songer naturellement à aménager, pour le culte, des locaux spéciaux, c'est-à-dire des *églises proprement dites*, et il est du plus haut intérêt de savoir de quelle manière ce nouveau besoin s'est révélé aux chrétiens.

Se sont-ils demandé : « Comment constituerons-nous nos églises? » ainsi que l'ont pensé certains auteurs, reculant la question jusqu'au IVe siècle. Assurément non. Cette question ne devait plus être posée : elle était résolue d'avance. Le principe était admis depuis longtemps, il ne fallait modifier que l'application. Pendant les longues années où le culte s'était servi des maisons, la liturgie s'y était développée et adaptée comme le bronze au moule dans lequel il est coulé. Alors pourquoi aurait-on changé brusquement, pourquoi aurait-on brisé avec toutes les habitudes acquises, pour se risquer à un essai aléatoire? Ce qu'il fallait, c'était simplement se procurer certaines maisons et les aménager spécialement en vue des assemblées, les transformer en *maisons-églises*.

Qu'on ne s'imagine pas que ce changement se soit opéré d'un seul coup, par suite d'un décret d'ordre général. Ce sont les circonstances et les nécessités particulières qui ont fait remplacer; petit à petit, l'une après l'autre, les maisons habitées par des « maisons de Dieu ». On peut suivre, dans les écrits des Pères, les phases de cette évolution. Avant le milieu du IIe siècle, l'endroit où se pratique la liturgie n'a guère d'importance. Il n'existe pas de sanctuaire parce qu'il n'existe pas d'endroits consacrés spécialement à l'exercice du culte; toute maison assez hospitalière et assez grande y servait indifféremment [1]. Ce n'est qu'à partir de la seconde moitié du IIe siècle que l'on désigne les lieux du culte d'un nom spécial et qu'on commence à les entourer de vénération.

---

1. WIELAND, *op. cit.*, p. 101. — STIEFENHOFER, *Die Geschichte der Kirchenweihe vom 1-7 Jahrh*, München, 1909, p. 37.

DISPOSITION DES ÉGLISES AVANT LE IVe SIÈCLE

Or, presque toujours à cette dénomination est liée l'idée de *maison*. La plupart des écrivains du IIIe siècle confondent continuellement la dénomination d'« église » et celle de « maison » et parfois les accouplent. Tertullien appelle une église *domus Dei* [1]. De même, saint Hippolyte ὀῖκος Θεοῦ [2], tandis qu'ailleurs il emploie fréquemment le terme ἐκκλησία « neve loquantur in *ecclesia* quia est *domus dei* » [3]. Saint Cyprien se sert du mot Κυριακόν, c'est-à-dire « maison du Seigneur » [4], d'où sont venues les dénominations germaniques de Kerk, Kirche, Church [5]. Chez d'autres Pères, on rencontre continuellement des termes analogues comme « dominicum, sanctum Domini, domus ecclesiæ, ὀῖκος προσευκτήριον » [6], etc. En 303, le procès-verbal de la saisie d'une église, opérée à Cirta (Afrique), fait mention d'une foule de dépendances qui désignent clairement une maison : bibliothèque, triclinium, cellier, etc. [7]. Au IVe siècle même, Eusèbe appelle encore couramment l'église ὀῖκος ἐκκλησίας [8] et le Pèlerin de Bordeaux (333) dit, en parlant de l'église du Saint-Sépulcre, à Jérusalem : « ibi eodem modo jussu Constantini imperatoris basilica facta est, id est *dominicum* miræ pulchritudinis » [9].

Ces textes, et bien d'autres, prouvent à l'évidence que les deux appellations d'église et de maison étaient employées indifféremment ; les églises antérieures au IVe siècle revêtaient donc la forme originaire des maisons romaines.

On ne peut attacher au mot « maison de Dieu », employé au IIIe siècle, la signification, actuellement en usage, de « habitation de Dieu », c'est-à-dire édifice de forme quelconque *dans lequel Dieu habite*. A cette époque, l'Eucharistie n'était pas régulièrement conservée dans l'église. C'est donc bien dans le sens de maison, édifice de forme bien déterminée, *consacré à Dieu*, qu'il faut l'entendre [10].

---

1. *De Idol.*, p. 36.
2. *In Dan.*, I, XX, p. 32.
3. *Ibid.*, XVII, p. 28.
4. *De op. et elem.*, 12, p. 220, 15, p. 384.
5. *Cfr.* DUCHESNE, *op. cit.*, p. 386.
6. ORIGÈNE, *Hom. in Exod.*, XII, (P. G., t. XII, col. 383).
7. *Gesta apud Zenophilum*, (P. L., t. VIII, col. 731).
8. H. ECCLES., VII, 30, VIII, 13, IX, 9.
9. P. L., t. VIII, col. 791.
10. *Cfr.* MARUCCHI, *op. cit.*, t. III, p. 10.

L'ORIGINE DE LA BASILIQUE LATINE

D'après de très anciennes traditions, plusieurs riches chrétiens firent don de leur maison à la communauté, dès une époque fort reculée; non pas, comme certains l'ont pensé, pour les démolir et édifier à leur place des locaux pour le culte, mais pour les transformer en églises. Celles-ci ont même fréquemment gardé, jusqu'aujourd'hui, le nom de leurs fondateurs. A Rome, on appelait ces églises principales du nom de *tituli* ou titres domestiques [1]. Il semble qu'il y en eût au moins vingt-cinq dès le IIIe siècle. Ainsi l'on a le titulus Lucinæ, le titulus Sabinæ, le titulus Damasi, etc. [2]. Plus tard, on y joint les noms de certains martyrs : Saint-Laurent in Damaso, c'est-à-dire « in ecclesia Damasi », Saint-Laurent in Lucina, etc.

Des fouilles pratiquées sous quelques-unes de ces basiliques ont mis à découvert partout des restes de maisons romaines : c'est le cas de Sainte-Cécile, Saint-Clément, Saint-Prisque, Saint-Jean et Saint-Paul, Saint-Chrysogone, Salona, etc. Comme, d'une part, ces églises sont citées dès le IIIe siècle et comme, d'autre part, les plus anciennes constructions basilicales ne remontent pas au delà du IVe siècle, il faut bien admettre que ce sont les maisons elles-mêmes qui ont primitivement servi d'églises.

Une autre question se pose en connexion avec celle-ci : Comment, la religion chrétienne n'étant pas reconnue, les communautés ont-elles pu posséder des immeubles importants avant la paix de Constantin?

Il est certain que, dès le début du IIIe siècle, elles possédaient leurs églises. Faut-il croire que celles-ci étaient placées sous le nom d'un propriétaire fictif? Le système était peu sûr et a dû être rarement employé [3]. D'ailleurs, lorsque, en 257, on saisit les lieux du culte et les cimetières, c'est bien comme propriétés ecclésiastiques qu'on les considère et non pas comme affectés seulement à l'usage ecclésiastique; le fait bien connu, rapporté par Lampride, du procès entre les « popinarii » et les chrétiens pour la possession d'un terrain, le démontre clairement [4]. Quand Constantin rendit au culte les églises confisquées

1. D'après le *Liber Pontificalis*, les titres auraient été institués par saint Evariste, sixième successeur de saint Pierre, en l'an 110.

2. *Cfr.* WIELAND, *op. cit.*, p. 102.

3. DUCHESNE, *Histoire ancienne de l'Eglise*, Paris, 1906, t. I, p. 382.

4. « Cum christiani quemdam locum qui publicus fuerat, occupassent, contra

par Dioclétien, c'était bien à la communauté qu'il les resti-
tuait : « Quoniam christiani non ea loca tantum ad quæ convenire
consueverant, sed alia etiam habuisse noscuntur ad jus corporis
eorum, id est ecclesiarum, non hominum singulorum perti-
nentia [1]. »

Plusieurs auteurs, parmi lesquels de Rossi [2], ont prétendu
que les églises appartenaient à des collèges funéraires reconnus
par la loi, sortes d'associations de petites gens, constituées en
vue de se procurer mutuellement une sépulture convenable.

Mgr Duchesne n'admet pas cette hypothèse : il pense que
les chrétiens durent avoir ces associations en profonde horreur
et il croit que les communautés chrétiennes, en tant qu'associations, étaient connues et publiques, sans aucune fiction
légale, comme sociétés religieuses : « Souvent on les tolérait,
parfois on les persécutait, jamais on ne les ignorait... Les
barrières légales existaient toujours, mais il devenait de plus
en plus impossible de les prendre au sérieux. La vigne du
Seigneur les débordait de tous les côtés par sa prodigieuse végé-
tation [3]. »

On peut conclure de tout ceci que les chrétiens, à partir de
la fin du IIᵉ siècle au plus tard, possédaient un grand nombre
d'églises dans le sens strict du mot. Il est incontestable que ces
églises étaient généralement des maisons romaines, ne se dis-
tinguant en rien, à l'extérieur, de celles des riches citoyens ;
mais, adaptées plus étroitement à leur destination spéciale, elles
étaient réduites aux parties essentielles, seules utiles aux réunions, c'est-à-dire le porche, l'atrium, le péristyle et l'exèdre.
On a pu conserver aussi quelques locaux de service, pour les
accessoires du culte, pour les offrandes, le logement du gardien,
l'administration du baptême, etc.

popinarii dicerent sibi eum deberi : Rescripsit : melius esse ut quomodocum-
que illic Deus colatur quam popinariis dedatur. » LAMPRID. *in Alex. Sever.*, 49.

1. LACTANCE, *De morte persecutorum*, p. 232.
2. *Roma soterr.*, t. I, p. 101 ; t. II, p. 8.
3. DUCHESNE, *op. cit.*, t. I, p. 387.

CHAPITRE V

LES RAPPORTS ENTRE LA BASILIQUE DU IVe SIÈCLE ET L'ÉGLISE DU IIIe SIÈCLE

Voici les édifices du culte, antérieurs à la paix de l'Eglise, suffisamment connus. Il reste à démontrer que les églises du IVe siècle, c'est-à-dire les basiliques, sont le développement et la continuation des précédentes.

Cette filiation paraît déjà probable avant tout autre examen. Pendant deux siècles et demi — nous l'avons démontré — un même type d'édifices s'est conservé à travers maintes persécutions. Pourquoi aurait-il disparu tout à coup après une dernière tourmente, la plus violente de toutes peut-être, mais non la plus longue? N'est-il pas naturel, au contraire, de croire que cette tradition, chère aux chrétiens et enracinée dans leurs mœurs, se soit conservée et qu'ils l'aient reprise aussitôt que les circonstances le leur ont permis ?

Dans ces conditions, n'est-on pas autorisé à conclure — tout au moins jusqu'à preuve du contraire — que les églises postérieures à Dioclétien, c'est-à-dire les basiliques, doivent procéder directement de celles qui existèrent antérieurement à cet empereur, surtout si leur structure n'offre pas des différences tellement importantes qu'elles excluent toute parenté?

Cette hypothèse probable deviendra une certitude positive lorsqu'il aura été prouvé que les deux types d'églises offrent des analogies telles qu'il est impossible d'en retrouver de semblables dans aucun autre genre d'édifices. C'est à cette démonstration que sera consacré ce dernier chapitre.

Pour y arriver, une comparaison minutieuse s'impose entre la maison gréco-romaine et la basilique latine. Car, puisque

L'ORIGINE DE LA BASILIQUE LATINE

l'église du IIIe siècle dérive de la maison, les analogies que nous constaterons entre celle-ci et la basilique s'appliqueront *a fortiori* à la première.

Le Caractère architectural. — Si la différence est notable entre la conception architecturale de la basilique civile et celle de l'église du IVe siècle [1], celle-ci et la maison romaine, au contraire, possèdent des caractères presque identiques.

La maison particulière n'a rien d'un des grands monuments publics qui faisaient l'orgueil des villes romaines. Elle est, dans sa construction, presque exclusivement utilitaire. Les matériaux précieux, marbres et pierres de taille, y sont exceptionnels. Toute la décoration est intérieure et rapportée : peintures, mosaïques, ou encore, mais plus rarement, marbres exotiques. De même les basiliques du IVe siècle sont toujours, ou à peu près, construites en matériaux communs, briques ou moellons. Les seules pièces de valeur sont les colonnes, empruntées souvent à d'autres édifices; l'appareil est peu soigné, les murs sont légers, les moyens de construction restent simples. Ni les voûtes massives, ni les gîtages en pierre et en bronze, couramment employés dans les édifices publics, n'ont été utilisés dans les maisons, pas plus que dans les églises. Une modeste charpente en bois peint, parfois cachée par un plafond, soutient la toiture. L'édifice public a des fenêtres ou des arcades ouvertes sur l'extérieur; souvent les murs apparents sont ornés avec recherche : les côtés latéraux des temples, des basiliques judiciaires, des théâtres, des thermes, ne le cédaient guère en opulence aux façades principales. Si donc l'église procédait d'un de ces monuments, elle en aurait conservé les caractères, du moins à l'état sporadique. Or, sauf quelques mosaïques de façade dont aucune ne date d'ailleurs du IVe siècle, les églises n'ont jamais la moindre décoration extérieure. Avant le VIe siècle, il n'y a que rarement des fenêtres dans les bas-côtés, du moins dans les églises bâties à l'intérieur des villes; tout l'éclairage vient des ouvertures des murs gouttereaux et de la façade. Voilà bien un signe frappant de parenté avec les maisons qui, faisant partie, le plus souvent, d'un bloc de

---

1. Voir plus haut, p. 38 et suiv.

bâtisses, ne pouvaient prendre jour dans les murs mitoyens et ne possédaient aucune ornementation extérieure. Enfin la décoration intérieure des églises, peintures à fresques, mosaïques ou marbres appliqués, se rapproche plus étroitement de celle des maisons que de celle des monuments publics. L'affinité entre les deux espèces d'édifices est donc des plus frappante.

Le Plan. — Les plans offrent également, dans leur ensemble, une correspondance si parfaite qu'il paraît vraiment étrange que personne n'y ait prêté sérieusement attention. Ce point est cependant d'une importance primordiale, car l'usage d'un édifice est bien plus étroitement lié à la distribution des locaux qu'à son système de construction.

On peut donc affirmer qu'au point de vue purement architectural, la basilique dérive de l'édifice qui lui ressemble le mieux quant au plan. Or, la maison est composée exactement des mêmes parties que l'église : une entrée unique, un porche, une cour carrée à fontaine, des passages vers la partie intime, une grande salle portée par deux rangées de piliers, enfin un espace plus étroit situé dans le même axe : l'œcus. Cette comparaison peut s'étendre encore à d'autres détails.

Avant d'y arriver, un exemple qui semble décisif appuiera cette assertion, non sur une analogie, mais sur un fait réel. Il subsiste une maison antique qui non seulement a pu facilement être transformée en église, mais qui l'a été de fait, suivant le programme tracé plus haut : il s'agit de l'église de Sainte-Marie Antique, découverte, il y a quelques années, sur le Forum, au pied du Palatin, après la démolition de Sainte-Marie Libératrice. Selon tous les auteurs qui l'ont étudié [1], cet édifice fut primitivement une bibliothèque dépendante du temple d'Auguste et il remonte en grande partie au Ier siècle. Il a été construit sur le modèle des maisons de l'époque : porche, atrium carré, péristyle, œcus (fig. 47). Très probablement dès la fin du IVe siècle, une église consacrée à la sainte Vierge y fut

1. Lanciani, *Bull. della Comm. arch. comm.*, Rome, 1900. — O. Marucchi, *Nuovo Bull. d'Arch. Crist.*, t. VI, 1900, p. 3. — *Annales de Saint-Louis-des-Français*, 1901, p. 315-369. — Huelsen, *Le Forum romain*, Rome, 1906, p. 169 et suiv.

installée, précisément de la façon indiquée : l'atrium devint celui de l'église, le péristyle fut transformé en nef et le sanctuaire prit place dans l'œcus. Les peintures retrouvées sur toutes les parois ne laissent aucun doute sur cette distribution. Si, un siècle après les persécutions, une transformation semblable s'opéra encore, on peut affirmer que cette façon de faire était naturelle et conforme à la tradition.

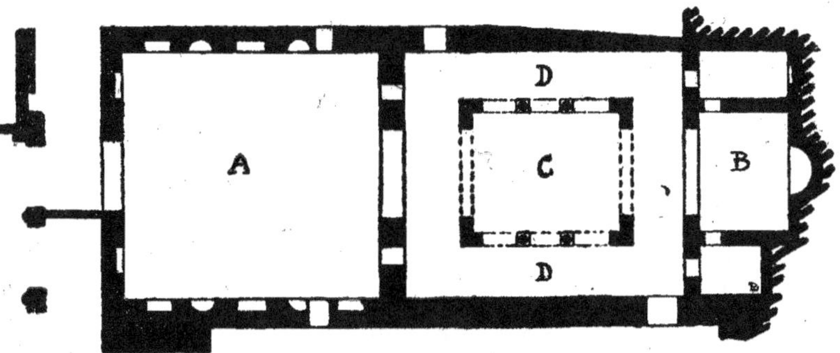

FIG. 47. PLAN DE L'ÉGLISE SAINTE-MARIE ANTIQUE, A ROME.

Cet argument a-t-il besoin de confirmation? Une contre-épreuve la fournira. Nous avons, en effet, énoncé comme principe que l'église occidentale procède de la maison dans son ensemble. Si donc, à une variante locale de la maison correspond une

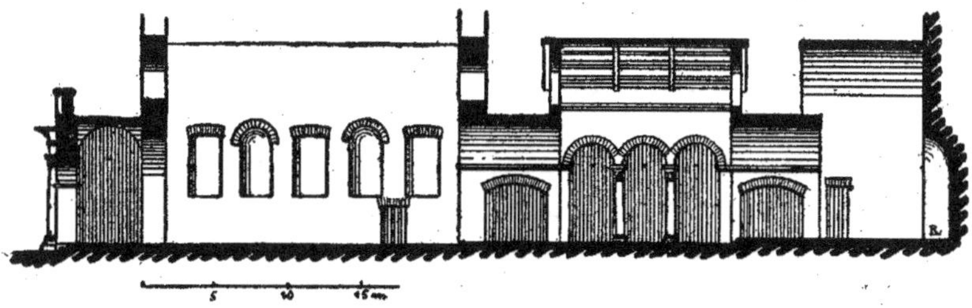

FIG. 48. COUPE LONGITUDINALE DE L'ÉGLISE SAINTE-MARIE ANTIQUE, A ROME. (Restitution de Huelsen.)

variante de l'église, la thèse s'en trouvera singulièrement renforcée. En fait, cette contre-épreuve est fournie par les basiliques d'Afrique qui ont été, dans ces dernières années, découvertes en grand nombre et étudiées spécialement par M. Gsell. Elles se distinguent de celles d'Italie par l'absence presque générale d'atrium. Tandis que cette omission est très rare en Italie, avant le VIᵉ siècle, « l'existence de l'atrium n'est absolument certaine qu'à Tebessa et à Henchir Tiboukaï : ailleurs, dans trois ou quatre églises, les vestiges de cours sont très peu distincts et on ne voit pas de colonnes [1] ». L'atrium y est ordi-

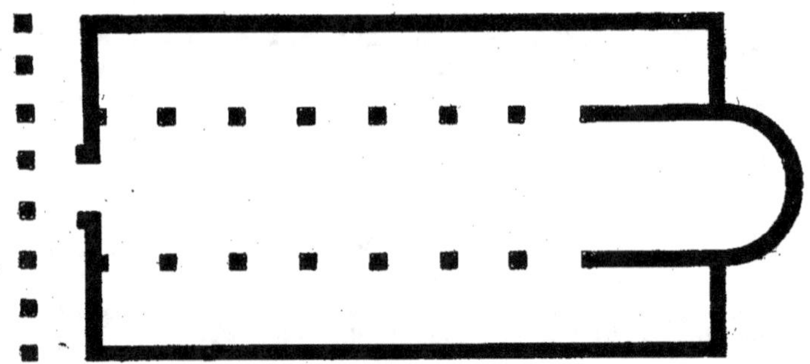

FIG. 49. BASILIQUE AFRICAINE. (D'après Gsell.)

nairement remplacé par un narthex : « Dans beaucoup d'églises, un simple portique s'élevait sur toute la largeur du front, ailleurs la façade est précédée d'un vestibule (fig. 49). »

Or, dans les maisons d'Afrique, l'absence d'atrium est également générale. « Les riches maisons des premiers siècles, dit M. Gsell, n'ont pas été construites sur le type des demeures de Pompéi, mais sur celui des maisons grecques sans atrium et qui comportent : un vestibule, une cour entourée de portiques, au fond une grande salle de réception [2] (fig. 50 et 51). » L'importance de cette coïncidence n'échappera à personne.

Mais il ne suffit pas de démontrer qu'il a dû en être ainsi, il faut encore expliquer comment la transformation de la maison en basilique a pu se produire; en effet, si l'on compare les deux types d'édifices en question, à côté des points de ressemblance il s'y trouve aussi des différences qu'on ne doit pas méconnaître.

Il est donc nécessaire d'examiner les diverses parties de

---

1. GSELL, *Les Monuments antiques de l'Algérie*, Paris, 1901, t. II, p. 134.
2. *Ibid.*, t. II, p. 15.

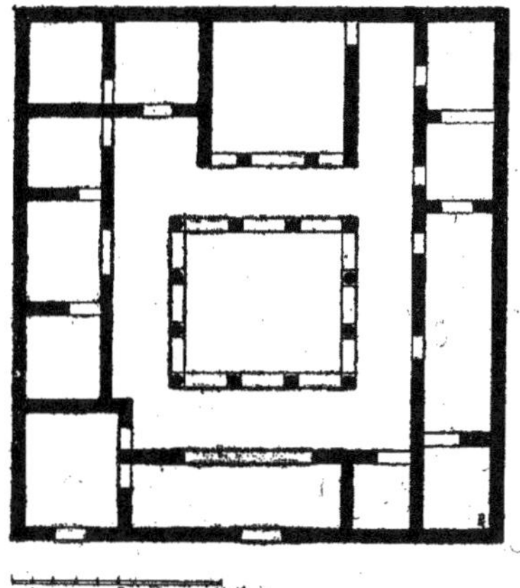

FIG. 50. MAISON ROMAINE A SAINT-LEU
(ALGÉRIE).

l'église l'une après l'autre. Cette analyse montrera que ces différences sont minimes et s'expliquent de la façon la plus naturelle.

LE PROPYLÉE. — Le porche de l'église est d'ordinaire isolé et en saillie sur la rue, tandis que celui de la maison s'encastre dans les boutiques. La transformation d'une forme à l'autre peut s'être opérée aisément. Etait-il bien convenable que la façade d'une église fût occupée par des étalages de commerçants? Leur suppression décidée, le porche se trouvait isolé devant la façade et il fallut le placer en saillie, sous peine d'encombrer l'intérieur des galeries de l'atrium. Toutes les maisons n'avaient d'ailleurs pas le porche engagé; dans plusieurs, il était en hors-d'œuvre et reposait sur des colonnes. C'est le cas notamment pour une maison de Saint-Leu (Algérie), reproduite par Gsell [1].

L'ATRIUM. — L'atrium des églises, comme celui des maisons, est une vaste cour de forme carrée ou rectangulaire. Il a seulement été augmenté proportionnellement à l'ensemble de l'édifice et dégagé des chambres, inutiles pour le culte, qui l'entouraient. Par suite de

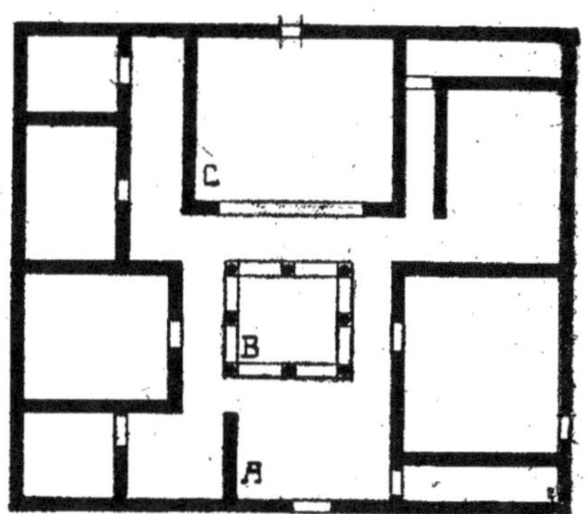

FIG. 51. MAISON ROMAINE A TIMGAD
(ALGÉRIE).

cet agrandissement, la disposition de l'atrium toscan devint irréalisable et il fallut nécessairement s'en tenir au modèle

1. *Op. cit.*, t. II, p. 19.

(Dessin de l'auteur.)   Fig. 52.

ATRIUM DE LA MAISON D'EPIDIUS
RUFUS A POMPÉI.

Fig. 53.   (Photo Brogi.)

ATRIUM DE LA MAISON
D'ARIANNE, A POMPÉI.

94

corinthien dont les galeries portent sur des colonnes. Plutôt
qu'une innovation, il faut y voir une simple adaptation, puisque l'atrium corinthien était couramment en usage dès le
Iᵉʳ siècle. Les exemples de Pompéi, dans les maisons d'Epidius
Rufus (fig. 52) et d'Arianne (fig. 53), avec leurs six colonnes
en longueur et quatre en largeur, et dans celle de Castor et
Pollux, pourvue de quatre colonnes à chacun des côtés, en
font foi. Dehio lui-même admet que, dès l'époque impériale,
la plupart des grands atriums des maisons étaient à colonnades.

L'agrandissement de l'atrium entraîne la disparition du compluvium et son remplacement par des rigoles sous l'écoulée
des toitures; la fontaine subsiste cependant, elle devient le cantharus, ancêtre lointain de notre bénitier.

LE TABLINUM. — Le rôle secondaire que joue le tablinum
à partir de l'adjonction du péristyle à l'antique maison italienne
a été déterminé plus haut. Cette pièce, la principale de l'habitation
républicaine, finit par devenir un simple passage d'honneur entre
les deux cours et, dès la fin du Iᵉʳ siècle, elle tend à dis-
paraître. Plusieurs maisons de Pompéi, rebâties après le tremblement de terre de l'an 63, n'en offrent déjà plus la trace,
notamment la maison de Tritolème (fig. 54), où un simple mur,
percé de trois portes, sépare l'atrium du péristyle. Des dispositions semblables sont à noter via dell' Abondanza, 28 (reg. II,
is. 1) dans la maison de L. Optatus Rapianus, dans celle de
M. Gadius Rufus, etc. Telle est la disposition adoptée, sans
doute, dès une époque reculée, dans les maisons-églises et qui
fut conservée dans les basiliques. Le tablinum n'offrait, en
effet, aucune utilité pour le culte.

L'existence du tablinum est le seul point qui sépare quelque
peu le plan de la maison classique, type Pansa, et celui de la basilique. On voit qu'il s'explique de la façon la plus naturelle.

LE PÉRISTYLE. — Mais il n'y a pas que le plan qui importe :
la construction doit aussi intervenir dans le parallèle; et en ce
qui concerne le péristyle, celui-ci devient délicat. Comment une
simple cour à ciel ouvert, entourée de colonnades sur les quatre
côtés, comme l'était le péristyle, a-t-elle pu se transformer en

une grande construction à trois ou cinq nefs, telle que la basilique du IVe siècle? La question mérite un examen détaillé.

Ce n'est pas une opinion nouvelle que celle qui consiste à croire que, durant toute une période, le peuple assistait aux offices chrétiens d'une place en partie découverte. D'après F.-X. Kraus, la cella cimiterialis était couverte, mais le reste du lieu saint n'était qu'une cour : « area in quam orationes facitis ». Au IVe siècle, le peuple ayant demandé une halle couverte, on aurait adapté à la cella les nefs de la basilique privée [1]. C'est là une hypothèse fournie sans preuves ni explication, tandis que la transformation du péristyle en triples ou quintuples nefs s'explique aisément. Les preuves de ce système peuvent se classer en trois groupes : *a)* les preuves architectoniques; *b)* les preuves liturgiques; *c)* les preuves historiques.

Preuves architectoniques. — Il est utile de remarquer d'abord que la transformation du péristyle en église est beaucoup moins radicale qu'elle n'apparaît à première vue. Elle ne consiste pas, comme dans le système de Kraus, à mettre un édifice à la place d'un autre tout différent, mais uniquement à couvrir d'une toiture le centre d'une cour rectangulaire, de façon à conserver l'éclairage intérieur nécessaire et à obtenir l'écoulement convenable des eaux de pluie. A cet effet, il suffisait de surmonter l'entablement du péristyle d'un mur percé de fenêtres, portant la charpente de la toiture, et ensuite de renverser vers l'extérieur la pente du toit des bas-côtés.

On observera à ce propos que si l'église avait été, dès le début, un édifice isolé au lieu d'être une maison de ville, il n'eût point été besoin de surélever la nef centrale, l'éclairage pouvant être obtenu au moyen de quelques fenêtres percées dans les bas-côtés. Mais il existe d'autres preuves plus directes.

Si les nefs dérivent bien du péristyle, des traces de la disposition primitive doivent subsister dans les basiliques, même après la formation définitive du type. Or, ces traces existent.

La construction des murs gouttereaux des églises en révèle une première. Ces murs sont élevés sur des entablements ou sur des arcades portées par des colonnes. Ce système ne peut dériver que d'une accommodation postérieure puisqu'il est radicalement

---

1. KRAUS, t. I, p. 264.

Fig. 54.

MAISON DU TRITOLÈME, A POMPÉI.

97

Fig. 55 (Photo Brogi.)

PÉRISTYLE DE LA MAISON DE
CASTOR ET POLLUX, A POMPÉI.

opposé à l'esprit de l'architecture classique où l'entablement ne porte jamais qu'une toiture, un fronton ou un second ordre de colonnes. Pour soutenir un mur en sous-œuvre, les Romains employaient exclusivement des arcades sur piliers. Aucun autre genre de monuments, même de l'époque de décadence, ne présente la disposition des églises. L'arcade sur colonnes elle-même, d'origine orientale, n'apparaît qu'à la fin du IIIᵉ siècle dans les édifices profanes. Si donc la nef des églises se rattachait à celle des basiliques civiles, on aurait fait usage de piliers au lieu de colonnes pour soutenir les murs gouttereaux [1].

En considérant, par exemple, le système intérieur de Sainte-Praxède, à Rome, on reste frappé du manque d'équilibre entre la fragilité des soutiens et le poids des murs (fig. 19). L'histoire de cet édifice n'est pas assez connue pour qu'on puisse établir avec certitude à quelle époque il fut étayé de grandes arcades sur piliers transversaux, mais il paraît difficilement admissible que, sans ces arcades, une nef couverte y ait jamais pu exister. La notion même du mur gouttereau, élément très peu constructif, semble donc bien provenir d'une adaptation postérieure apportée aux édifices-types de l'espèce.

Un autre indice peut être emprunté au niveau respectif des bas-côtés et de la nef centrale. Dans une construction entièrement couverte, il n'y a aucun motif de donner à la nef centrale un niveau inférieur à celui des bas-côtés. Aussi le pavement de la plupart des basiliques est-il entièrement uni. Cependant, quelques très vieilles églises ont ou avaient conservé deux niveaux différents à l'intérieur. Il en était ainsi à Saint-Pierre du Vatican, comme on peut s'en convaincre par la vue de cet édifice, conservée à l'église Saint-Martin des Monts, à Rome ; de même à Saint-Etienne in via Latina et à Sainte-Marie Antique, où la différence des deux niveaux était primitivement de 0^m25 (fig. 75). Cette anomalie provient évidemment de la maison, puisque, dans tous les péristyles des maisons pompéiennes, la cour est située plus bas que la galerie afin de prévenir l'inondation en cas de

1. Il faut noter que, dans les restitutions à nef centrale couverte que l'on a tentées, les basiliques profanes n'ont pas de murs gouttereaux, mais des galeries ou une claire-voie continuée, portée par des pilastres. *Cfr.* DURM, *Die Baukunst der Römer*, p. 325 ; BANISTER FLETCHER, *A history of architecture*, London, 1905, p. 138.

pluie. Voilà bien un exemple de la conservation irréfléchie de certaines dispositions antérieures que l'on retrouve à toutes les périodes de l'art et qui constituent une des sources des plus précieuses pour son histoire.

Lorsqu'on compare le plan d'une église à celui d'un péristyle, une différence saute aux yeux avant toute autre : le péristyle a, ordinairement, des colonnes sur quatre côtés, tandis que le plan classique de l'église comporte seulement deux rangées parallèles de soutiens. La transformation de la première disposition en la seconde s'explique aisément : les colonnades transversales compliquaient singulièrement le problème de la couverture, surtout

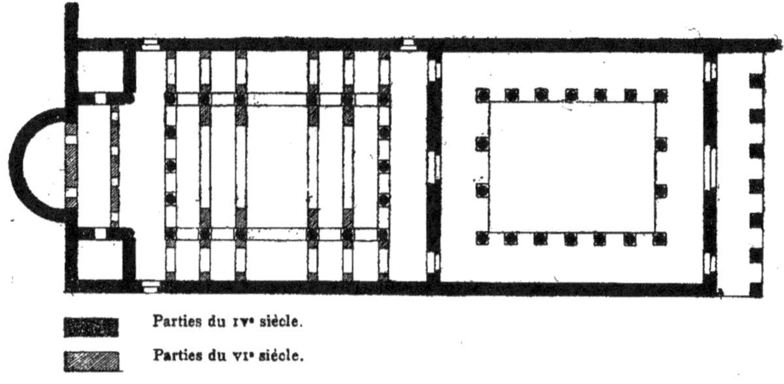

FIG. 56. PLAN DE L'ÉGLISE DE QUENNOUAT (SYRIE). (D'après de Vogüe.)

du côté du chœur; elles empêchaient de donner à celui-ci une hauteur suffisante. Rien d'étonnant donc à ce qu'on les ait bientôt supprimées pour les remplacer par une seule grande arcade, s'ouvrant soit sur le transept, soit directement sur l'abside.

Il ne faut pas croire, cependant, que ces péristyles à retours latéraux aient été les seuls en usage. Il subsiste plusieurs maisons dans lesquelles les colonnes sont supprimées au fond devant l'exèdre. Il en est ainsi, par exemple, à la maison de Castor et Pollux (fig. 55), à la casa del Torello, à celle des Amours dorés, etc. Dans ce cas, les soutiens d'angle sont ordinairement renforcés par des pilastres, exactement comme dans les églises.

Inversement, plusieurs églises, parmi les plus anciennes, présentent ou présentaient, comme les péristyles, une colonnade transversale reliant, du côté de l'entrée, les deux épines longitudinales. On peut la voir à l'ancienne église Saint-Paul hors les Murs (fig. 5), à Sainte-Agnès à la voie Nomentane (fig. 8), à Saint-Laurent in Campo Verano (fig. 10) et à l'ancienne basilique de Saint-Clément (fig. 18). Là aussi, les piliers angulaires sont renforcés. Il subsiste même un exemple frappant d'église qui a maintenu intactes les quatre grandes rangées complètes de colonnes, c'est celle de Quennouât, en Syrie, qui date du IVᵉ siècle (fig. 56). Une disposition à peu près analogue peut se retrouver dans les ruines de la basilique de Manastrine, près Spalato [1].

Il ne semble pas impossible non plus de considérer comme un reste atrophié de ce quatrième côté la *trabes* ou *pergula*, portée sur colonnes et pourvue anciennement de rideaux, qu'on

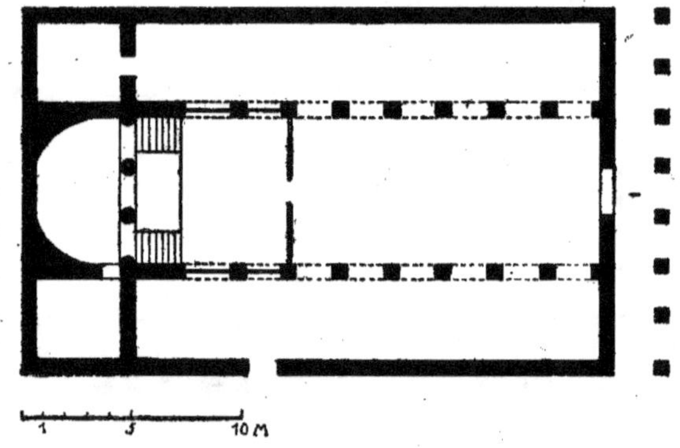

FIG. 57. BASILIQUE DE BÉNIAN (ALGÉRIE).

rencontrait devant le sanctuaire de presque toutes les basiliques et dont subsistent encore des vestiges, par exemple à Bénian (Algérie) [2] (fig. 57), à Sainte-Marie in Cosmedin (fig. 58), à Torcello et ailleurs. Il est probable qu'avant la paix déjà l'on suspendait des rideaux entre les colonnes des péristyles-églises [3]. Quoi d'étonnant, dès lors, qu'après l'adoption de la construction couverte et de l'arc de triomphe, l'ancien usage soit demeuré en pratique et que, dans ce but, la rangée de colonnes antérieures ait été conservée, sans cependant se développer proportionnellement aux autres parties de l'édifice ?

---

1. JAC ZEILLER, *Les Origines chrétiennes dans la province romaine de Dalmatie*, dans *Bibliothèque de l'Ecole des hautes études*, fasc. 155, Paris, 1902.

2. GSELL, *op. cit.*, t. II, p. 176.

3. CROSTAROSA, *op. cit.*, p. 63.

L'ORIGINE DE LA BASILIQUE LATINE

Preuves liturgiques. — La valeur des preuves· liturgiques réside dans ce fait que, jusque dans le haut moyen âge, la distribution intérieure des églises et les cérémonies du culte montrent des traces non équivoques d'un séjour antérieur des communautés dans des édifices en partie découverts.

La plus intéressante de ces preuves est tirée de la place occupée par les fidèles dans l'église. Les textes prouvent, et plusieurs auteurs admettent qu'au IVᵉ siècle et parfois plus tard encore, toute la superficie des trois nefs n'était pas occupée par les fidèles : les bas-côtés et le fond seuls leur étaient réservés. La nef principale demeurait entièrement libre ou servait, en partie, à la schola cantorum. Les hommes se tenaient au sud, les femmes au nord. Des balustrades ou *transennae* leur interdisaient l'accès du vaisseau principal [1]. Cette coutume date évidemment du temps où la nef du milieu n'existait pas encore, c'est-à-dire où elle formait le préau du péristyle, d'autant plus inaccessible que, planté de fleurs et d'arbustes, il était séparé des déambulatoires par des clôtures à hauteur d'appui, disposées entre les colonnes. On rencontre fréquemment, dans les maisons pompéiennes, de ces balustrades en bois, en tuiles ou en maçonnerie. Ainsi, via de Noles is. 5, n° 9 (fig. 59), la maçonnerie a une hauteur de 0ᵐ65; dans une maison de la via dei Scuoli, elle a 0ᵐ70; via de Stabies (région V, is. 2), elle s'élève jusque 1ᵐ20; dans la maison de Castor et Pollux, la clôture consistait en plaques de marbre fixées dans les rainures des colonnes et hautes de 1 mètre environ.

Chose curieuse, on retrouve dans toutes les vieilles basiliques les mêmes clôtures entre la nef et le chœur, autour de la schola cantorum, souvent même entre les colonnes du vaisseau. A Sainte-

---

1. On en trouve des témoignages en Orient et en Occident. *Cfr.* RAHMANI, *op. cit.*, p. 153-156. « Ipsa autem domus habeat a dextra et a sinistra porticus duas, unam pro viris, alteram pro mulieribus. » Ces deux portiques en bas-côtés sont donc bien séparés par un espace central où il n'y a personne. Ailleurs on trouve : « plaga dextera ou porticus dexter » suivi de « plaga virorum et plaga mulierum ». Une inscription de Saint-Pierre, de Rome, citée par Bosio, s'exprime de la même façon : « in porticu quando instramus sinistra parte virorum ». Procope n'est pas moins explicite : « sint dua utrinque porticus harum unam viros orantes altera mulieres admittit ». *Comment. in Paul Silent.* Nᵒˢ 77-79.— Qu'on se rappelle aussi la description de la basilique de Tyr, par Eusèbe, reproduite p. 21.

Fig. 58.

PERGULA DE L'ÉGLISE SAINTE-
MARIE IN COSMEDIN, A ROME.

103

Fig. 59. (Dessin de l'auteur.)

MAISON VIA DE NOLES, A POMPÉI.

104

(Photo Moscioni.) FIG. 60.

INTÉRIEUR DE L'ÉGLISE SAINT-
PIERRE, A TOSCANELLA.

FIG. 61.   (Photo de l'auteur.)

AUTEL DANS LA NEF DE SAINT-APOLLINAIRE
IN CLASSE, A RAVENNE.

Marie Antique (fig. 75), où elles existaient d'abord entre les colonnes, elles ont été démolies jusqu'au niveau du pavement, qui fut exhaussé au VIIIe siècle, et reconstruites un peu plus vers l'intérieur; il en était de même à la basilique du cimetière de Priscille [1], qui date du IIIe siècle.

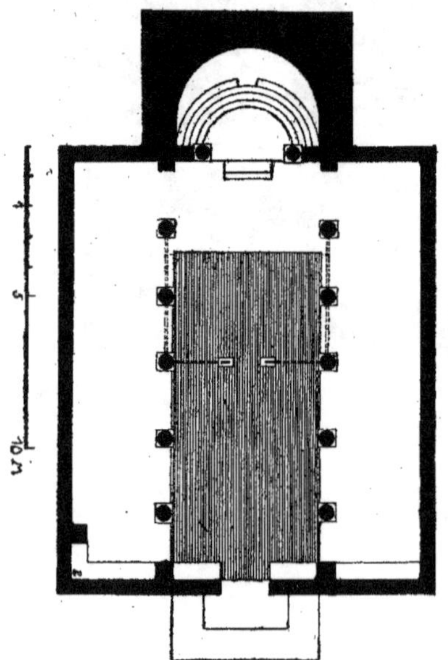

FIG. 62. BASILIQUE D'ANNOUNA. (ALGÉRIE).

Dans la plupart des basiliques d'Afrique, il reste des traces évidentes de ces clôtures, entre les trois ou quatre premières colonnes de la nef de part et d'autre (fig. 57 et 62) [2]. Cette disposition a même été conservée entièrement dans une église du XIe siècle, celle de Saint-Pierre, à Toscanella, près de Rome. Les nefs basses y sont entièrement isolées de la nef principale par un petit mur auquel s'appuie, des deux côtés, un banc, exactement (fig. 60) comme à Sainte-Marie Antique. Or, si la nef centrale avait été occupée, ces clôtures séparant les sexes auraient dû se trouver dans l'axe des églises et celles entre les colonnes auraient été inutiles. Les termes « porticus virorum » et « porticus mulierum » n'auraient eu alors aucune signification.

L'usage de couper la vue sur le sanctuaire, à certains moments de l'office, au moyen de voiles suspendus entre les colonnes dura jusqu'au IXe siècle. Plusieurs passages du *Liber Pontificalis* [3] en témoignent. Il en reste également des vestiges dans les vieilles basiliques dont les colonnes primitives sont restées

1. *Nuovo Bullet.*, t. XIV, p. 27.
2. GSELL, *op. cit.*, t. II, *passim.*
3. Pascal I donna 42 vela destinés aux espaces entre les grandes colonnes de droite et de gauche de Saint-Pierre. Adrien II et Grégoire IV donnèrent à la basilique de Saint-Laurent, à celle de Saint-Paul et à celle de Saint-Marc des tapisseries dont le nombre correspond exactement à celui des entrecolonnements de ces églises.

debout. A hauteur de 2 ou 3 mètres, on retrouve des traces de trous qui n'ont pu servir qu'à supporter les crochets des tringles [1] sur lesquelles glissaient les draperies. Ces trous, situés à 2ᵐ70 environ du sol, ont été soigneusement comblés et sont à peine visibles à l'église Saint-Pierre aux Liens et à Sainte-Marie Majeure, à Rome. A l'ancienne église Saint-Clément, dans la même ville, et ailleurs encore, on ne s'est pas préoccupé de les réparer et les brèches sont restées béantes. Or, il est admis que les Romains se servaient de courtines du même genre pour protéger les galeries du péristyle contre le soleil et les intempéries. On aperçoit des traces identiques aux mêmes places et à la même hauteur dans nombre de maisons pompéiennes, par exemple via de Noles (is. 5, nᵒ 9); via dell' Abundanza (région IX); via de Stabies (région IV, nᵒ 2), La parenté paraît donc évidente et la même origine utilitaire s'impose.

L'une des cérémonies primitives de la dédicace des églises laisse d'ailleurs supposer aussi que la nef centrale fut d'abord un préau rectangulaire à ciel ouvert et sans pavement. L'évêque, en effet, traçait sur le sol, avec sa crosse, les lettres de l'alphabet en forme de croix de Saint-André, reliant ainsi les quatre angles de l'édifice [2]. Cela suppose un espace rectangulaire et un sol non pavé sur lequel pouvaient être tracées des lettres. Plus tard, lorsque la nouvelle disposition fut adoptée, on dut, pour accomplir ce rite, répandre sur le pavement de la cendre ou de la sciure de bois.

Une autre preuve liturgique dérive de la forme et de l'emplacement de l'autel dans les basiliques. L'autel chrétien n'a rien de commun avec l'ara du paganisme romain [3]. Durant les deux premiers siècles, le mystère de l'Eucharistie se célébrait sur une simple table en bronze, en pierre ou en bois, ronde ou rectangulaire, comme il s'en trouve dans toute maison. Cette table semble n'être réservée exclusivement à cet usage qu'à partir du moment où des édifices spéciaux furent consacrés au culte [4].

---

1. CROSTAROSA prouve, par l'exemple de Sainte-Marie Majeure, que ces trous ont servi aux tringles et non pas aux lampes. *Op. cit.*, p. 68.

2. MARUCCHI, *op. cit.*, t. III, p. 39.

3. Dom CABROL, *op. cit.*, article *Autel*.

4. WIELAND, *op. cit.*, p. 38 et 109 à 112.

L'emplacement ordinaire de l'autel n'était pas dans l'abside, mais habituellement dans le transept, sous l'arc triomphal ou encore dans la partie postérieure de la nef, comme à Sainte-Agnès hors les Murs, Sainte-Sabine, Saint-Laurent, Tebessa[1], etc.; parfois même il se dresse au milieu de la nef centrale, comme à Saint-Apollinaire in Classe, à Ravenne (fig. 61), Saint-Pierre au Vatican, Kherbet Ghuidra[2] (fig. 63), Kherbet Fraïm[3], etc.,

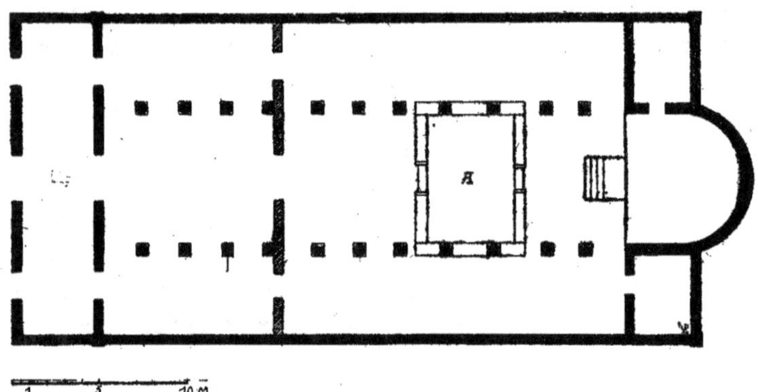

FIG. 63. PLAN DE LA BASILIQUE DE KHERBET GHUIDRA.

sur une estrade surélevée, entourée d'un mur à hauteur d'appui. Déjà au IIIe siècle, Origène parle d'un *circulus altaris*, c'est-à-dire d'une balustrade entourant l'autel[4], et Eusèbe dit clairement que l'autel de Tyr se trouvait *in medio*, entouré de clôtures pour en empêcher l'approche aux fidèles[5]. Dans ce dernier cas, en supposant une église primitive encore hypêtre, l'autel s'est trouvé en plein air dans le préau du péristyle. C'est une relation frappante avec la maison; en effet, dans beaucoup de péristyles de Pompéi, on trouve encore des tables en marbre intactes (fig. 64).

Un rapprochement plus singulier est fourni par l'étude du ciborium. Aussi loin qu'on remonte dans l'histoire, l'autel des basiliques, en Italie, est recouvert d'un baldaquin ayant

1. GSELL, *op. cit.*, t. II, p. 267.
2. *Ibid.*, p. 207.
3. *Ibid.*, p. 227.
4. Hom. III in Jud. n° 2 (P. G., t, XII, col. 962).
5. *Hist. Eccles.*, (P. G., t. XX, col. 669-670).

la forme d'un pavillon porté sur quatre colonnes (fig. 65). L'origine de cette coutume n'a pas encore été clairement expliquée. Un sentiment de révérence pour l'autel, a-t-on dit, en introduisit l'usage; mais on peut demeurer sceptique sur le pouvoir qu'aurait eu une considération spéculative de ce genre pour créer une forme architecturale universellement adoptée. Sans vouloir donner une explication définitive, on peut croire que, comme la plupart des formes architecturales, celle-ci eut aussi primitivement un but pratique. Chez les Grecs et les Romains, on n'érigeait de dais qu'en plein air, pour protéger un objet contre le soleil ou la pluie; et puisqu'on l'abrite, cet objet possède, aux yeux de son propriétaire, une valeur. C'est ainsi qu'à l'idée de protection matérielle s'est attachée insensiblement celle de la vénération.

Ne pourrait-on pas supposer, en conséquence, que le ciborium des autels date de l'époque où ceux-ci se trouvaient dans la partie ouverte du péristyle? Nous n'oserions répondre à cette question par l'affirmative s'il n'existait, à Pompéi même, dans l'intérieur de certains péristyles, des tables qui ont, sans nul doute, été abritées par des pavillons et qui, dans le cas de réunion chrétienne, ont parfaitement pu remplir le rôle d'autel. Dans la maison citée, via de Noles (fig. 59), il reste les quatre colonnes du dais; dans celle des chapiteaux figurés, il en subsiste des fragments; dans celle du questeur (fig. 66) et dans une maison de la région VI, is. 15, sous les quatre colonnes octogonales, la table de marbre est même restée entière (fig. 69). Dans la maison de Salluste, on retrouve la base des lits entourant l'abacus [1]. Il est donc très probable qu'avant la paix, l'Eucharistie se célébrait fréquemment sur une table pareille, située dans la partie antérieure d'un péristyle, visible de tous les assistants qui occupaient les galeries, et qu'après le recouvrement de la cour, le ciborium ait été conservé, par tradition, au-dessus de l'autel.

- Il paraît inutile d'insister davantage sur des similitudes de

---

1. THÉDÉNAT (*Pompéi*, Paris, 1906) est dans l'erreur lorsqu'il croit que ce dernier triclinium était seulement ombragé par une vigne. Les peintures qui subsistent sur les murs prouvent clairement que la table était abritée par une véritable toiture.

FIG. 64.

PÉRISTYLE DE LA MAISON
DES VETTII, A POMPÉI.

III

Fig. 65. (Photo Moscioni.)

CIBORIUM DE L'ÉGLISE SAINT-GEORGES
IN VELABRO, A ROME.

112

nom entre les parties de la maison et celles correspondantes de la basilique. Ainsi les bas-côtés des basiliques sont désignés fréquemment par les mots *porticus, plaga, pastophorium, deambulatorium,* qui conviennent bien mieux à des portiques entourant un péristyle. Eusèbe appelle, maintes fois, la nef centrale *aula.* Or, le mot *aula* signifie non pas un vaisseau couvert, mais une simple cour.

Preuves historiques.— Les arguments développés jusqu'ici permettent de conclure, avec toute la certitude archéologique voulue, que la nef centrale des basiliques doit être un développement de la cour des églises domestiques. Mais il existe aussi des preuves directes témoignant de l'existence d'églises dont certaines parties étaient à ciel ouvert. A l'heure actuelle, des édifices religieux ont encore cette disposition ou en conservent du moins des traces évidentes. Quelques-uns d'entre eux en fournissent des preuves certaines; d'autres de simples probabilités, mais dont l'ensemble n'en est pas moins très suggestif.

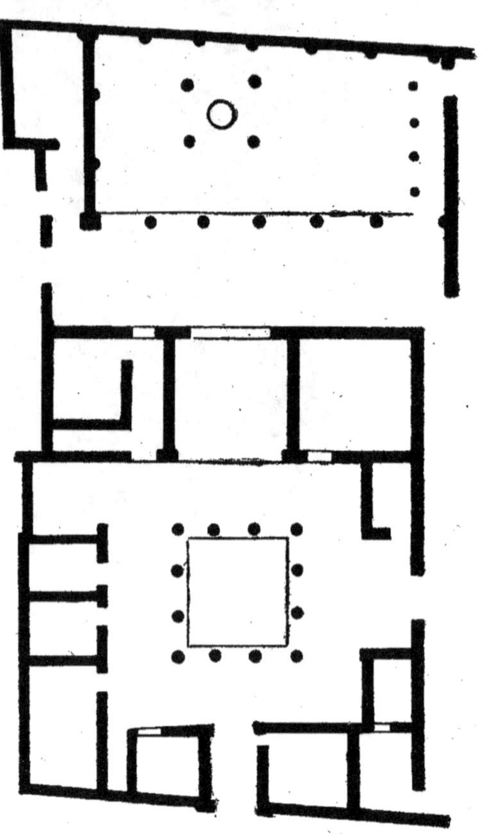

Fig. 66. Maison du questeur a Pompéi (plan).

On peut citer, d'abord, deux églises de la Syrie centrale. L'une des plus célèbres est celle de Saint-Siméon Stylite [1], à

---

1. DE VOGÜÉ, *op. cit.,* pl. 139-150.

Kalat Seman, qui date du ve siècle. Elle à la forme d'une immense croix grecque dont le centre est formé par une cour octogonale à ciel ouvert ; au milieu de la cour s'élevait la colonne

FIG. 67. COUPE TRANSVERSALE SUR L'ÉGLISE DE MOUDJELEIA.

dont le chapiteau a servi de cellule au célèbre anachorète. Il importe de remarquer que cet espace découvert n'est pas une espèce de narthex central donnant accès aux quatre ailes de l'édifice, car il communique avec celles-ci au moyen de grandes arcades, occupant toute la largeur des nefs. Il forme donc bien le centre de l'église [1].

De Vogüé [2] cite une autre petite église syrienne intéressante : celle de Moudjeleia. Plusieurs auteurs y ont vu un ancien baptistère ; on n'y a relevé cependant aucune trace de fonts baptismaux. Elle n'a d'ailleurs pas les caractères d'une construction centrale, mais bien ceux d'une basilique avec l'abside circulaire et les trois nefs. Sa seule originalité de plan consiste en ce que les angles de la façade sont coupés.

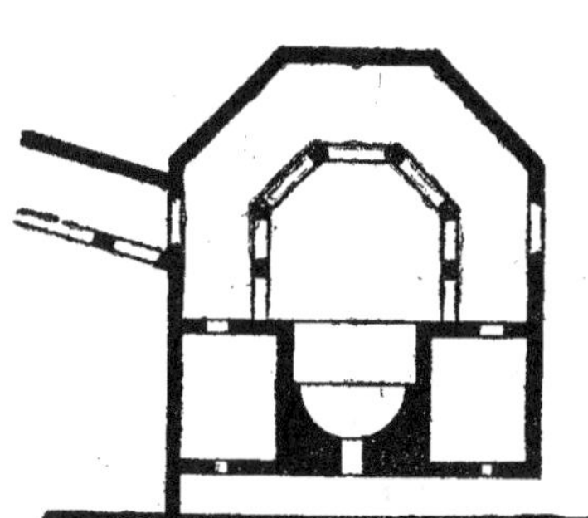

FIG. 68. PLAN DE L'ÉGLISE DE MOUDJELEIA.

1. *Cfr.* DIEHL, *Manuel d'art byzantin*, Paris, 1910, p. 32.
2. DE VOGÜÉ, *op. cit.*, pl. 63-64.

114

Or, comme on peut s'en convaincre par le relevé emprunté à de Vogüé (fig. 67 et 68), la nef centrale de cette église n'a jamais été couverte et les bas-côtés seuls portaient des appentis. Les murs, soi-disant gouttereaux sont couronnés par une corniche tant à l'intérieur qu'à l'extérieur et l'abside est surmontée d'un attique sans aucune trace de toiture. Voilà un exemple incontestable d'église hypètre parvenue jusqu'à nos jours.

Il existe d'autres édifices, actuellement couverts, dont très probablement la nef centrale était autrefois découverte, telle la célèbre église de Saint-Etienne le Rond, à Rome (fig. 70). Déjà Essenwein a soutenu cette hypothèse et il propose un projet de restitution très curieux [1] (fig. 71). D'après lui, la conception originale serait celle d'une église entourant un lieu consacré à ciel ouvert, tout comme à Saint-Siméon Stylite. Ici, l'allusion au nom de Stephanus rendrait la forme de couronne encore plus naturelle. De fait, la disposition primitive a dû être transformée tant à l'intérieur qu'à l'extérieur. Les constructions centrales, couvertes, non voûtées, étaient tout à fait contraires aux conceptions architecturales des Romains. Or, il est bien certain que l'église Saint-Etienne n'a jamais été voûtée. Quand on voulut la couvrir de l'horrible plafond qui subsiste encore aujourd'hui, on fut obligé de couper la rotonde selon son diamètre par une triple arcade déchargeant les entraits de la charpente (fig. 72).

Notre auteur va plus loin encore : il considère comme ayant été primitivement dépourvus de toiture le fameux baptistère constantinien du Latran, le croisillon de l'église de la Nativité, à Bethléem, et la rotonde du Saint-Sépulcre, à Jérusalem. Ces deux dernières sont aussi des « Denkmahlkirchen » entourant un lieu sacré. Alors, pourquoi n'en aurait-il pas été ainsi de la mosquée d'Omar, à Jérusalem, et de la rotonde de l'église Saint-Etienne, à Bologne? Ce dernier monument, qui date du Xᵉ siècle, possède aussi un saint Sépulcre au centre et une coupole dodécagonale d'un aspect peu naturel, qui a bien l'air d'une ajoute. Ainsi, le dédoublement assurément postérieur de certaines colonnes ne serait-il pas contemporain de l'établissement de la voûte, tout comme les chaînages en bois qui relient les

---

1. ESSENWEIN, *op. cit.*, p. 67.

arcades ? Pourquoi ensuite cette corniche d'arcatures sous la coupole? Pourquoi, au-dessus des bas-côtés, cette galerie qui n'a guère de jour qu'à l'intérieur? Pourquoi tout l'édifice est-il si mal éclairé? Faute d'études suffisantes, nous n'oserions trancher la question ici, mais il nous semble fort probable que cette partie de Saint-Etienne était hypètre à l'origine.

Faut-il rappeler l'exemple plus frappant de l'église de Quennouât (fig. 56), qui présente le type intermédiaire le plus complet entre le péristyle et la basilique? Il est indubitable qu'elle n'a été couverte qu'après coup, sans doute au vi[e] siècle. C'est de cette époque que datent les lourds piliers transversaux qu'on dut construire, exactement comme à Sainte-Praxède à Rome, pour soutenir les arcades. Celles-ci, dans l'architecture de la Syrie centrale, tiennent constamment lieu d'entraits de toiture.

La petite église de Sainte-Pudentienne, à Rome, suggère encore quelques remarques sur le même sujet. On sait qu'elle est l'une des plus anciennes de Rome et se rattache directement à la tradition apostolique. A la fin du ive siècle, fut placée dans l'abside la célèbre mosaïque représentant le Seigneur assis sur son trône et entouré des apôtres et d'autres saints. Ce groupe se tient dans une vaste cour rectangulaire entourée d'un portique à piliers, derrière lequel s'aperçoivent plusieurs monuments qui semblent bien n'être pas un simple motif de décoration, mais représenter un ensemble existant (fig. 73). Certains auteurs ont été d'avis qu'il fallait y voir le Christ assis dans la Jérusalem céleste, représentée par la Jérusalem terrestre. Cette hypothèse est invraisemblable parce qu'elle est toute gratuite et que, au ive siècle, on devait être peu renseigné à Rome sur la forme exacte des monuments de Jérusalem. Il est préférable d'y voir, avec de Rossi, Marucchi et Crostarosa [1], la représentation du quartier même où se trouvait l'église Sainte-Pudentienne, d'autant plus que le livre que le Sauveur tient en mains porte le texte : « Dominus conservator ecclesiæ Pudentianæ. » Le Christ étend la main droite, comme pour protéger le lieu même où il se trouve. Si on l'a représenté bénissant l'église, c'est dans l'édifice lui-même qu'on l'a placé, et si les environs sont reproduits fidèlement, il en est ainsi à plus forte raison de

1. *Nuovo Bull.*, 1896, p. 58 ss.

(Dessin de l'auteur.) FIG. 69.

PÉRISTYLE DE MAISON POMPÉIENNE
AVEC TABLE ET BALDAQUIN.

117

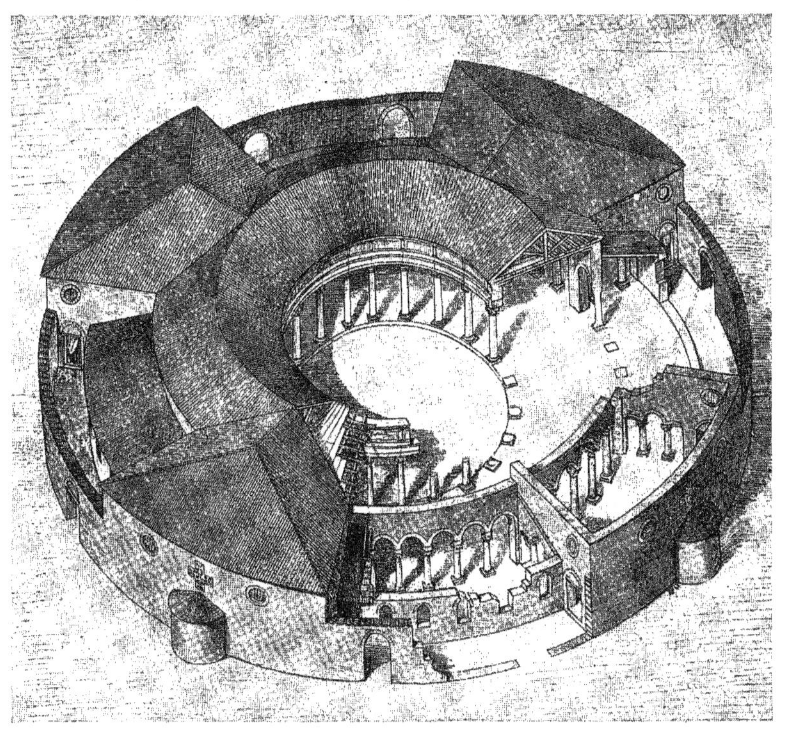

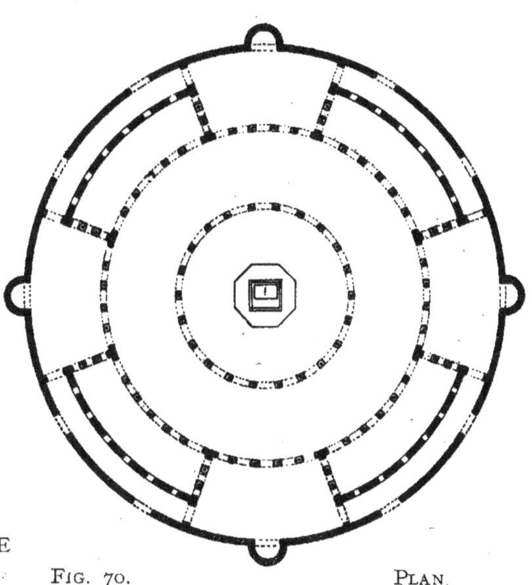

ÉGLISE SAINT-ÉTIENNE
LE ROND, A ROME   FIG. 70.   PLAN

118

ÉTAT ACTUEL DE L'ÉGLISE SAINT-
ÉTIENNE LE ROND, A ROME.

Fig. 73.   (Photo Anderson.)

MOSAIQUE ABSIDALE DE L'ÉGLISE
SAINTE-PUDENTIENNE, A ROME.

120

(Photo Anderson).   Fɪɢ. 74.

VUE ACTUELLE DE L'ÉGLISE
SAINTE-PUDENTIENNE, A ROME.

121

Fig. 75.   (Photo Anderson.)   État actuel.

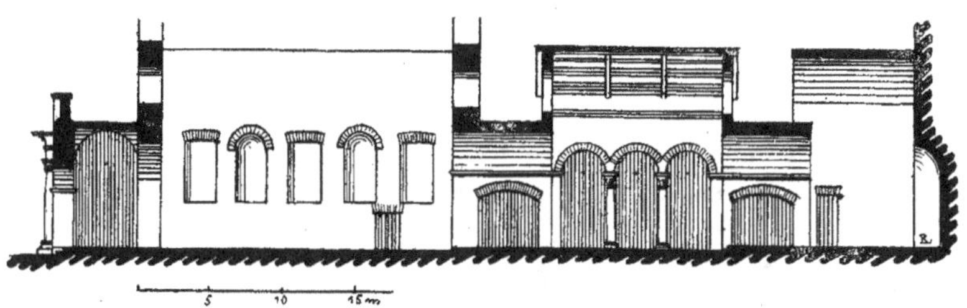

Fig. 76.   (Restitution de Huelsen.) Coupe longitudinale.

ÉGLISE SAINTE-MARIE
ANTIQUE, A ROME.

122

l'église. Or, celle-ci affecte absolument la forme d'un péristyle à ciel ouvert entouré de galeries sur piliers. Même s'il n'était pas quasi prouvé que la basilique actuelle a été reconstruite au XVIᵉ siècle, à un niveau supérieur à l'ancienne, on serait enclin à affirmer que la mosaïque représente cette église dans son état primitif, sans plafond, avec ses arcades et ses piliers oblongs (fig. 74). Dans tous les cas, la comparaison entre les arcades de l'église et celles de la mosaïque ne manque pas d'être curieuse.

Des observations analogues pourraient être présentées concernant d'autres édifices. Mais il faut terminer cette partie en ramenant l'attention sur l'exemple le plus frappant de tous : celui de Sainte-Marie Antique.

A la fin du IVᵉ siècle, on fit subir au péristyle de la bibliothèque du temple d'Auguste exactement la transformation indiquée plus haut, pour l'approprier au culte : une claire-voie fut élevée sur les colonnes et le préau fut recouvert d'une toiture à deux versants [1] (fig. 75 et 76). Voilà une preuve directe et péremptoire après laquelle s'impose, avec une certitude que peuvent revendiquer peu d'hypothèses archéologiques, la conclusion suivante : les trois nefs de la basilique latine sont les résultats d'une transformation logique du péristyle des maisons gréco-romaines.

Inutile d'ajouter que l'origine des doubles bas-côtés aux églises plus grandes est exactement la même. Pour gagner de la place dans la maison transformée en église, il fallut permettre fréquemment aux fidèles d'occuper aussi les chambres entourant le péristyle et devenues sans usage ; plus tard, ces cham-

---

1. Le mur qu'on voit sur la photographie (fig. 75) est une reconstitution moderne. Nous ne partageons pas l'avis de Huelsen et d'autres écrivains qui croient trouver, dans la base octogonale en briques, située au milieu du péristyle et entourée précieusement d'une balustrade, le pied de l'ambon de Jean VIII. Sans compter que l'octogone régulier de la base ne correspond nullement à la dalle allongée gisant dans le bas-côté, nous avons peine à croire qu'on ait jamais élevé un ambon au milieu de la nef. La base repose, du reste, non sur le pavement du VIIIᵉ siècle, mais sur celui du Iᵉʳ et elle a appartenu bien plus vraisemblablement à une fontaine, tandis que la place de l'ambon du pape Jean est tout indiquée : c'est l'angle antérieur à droite du péristyle, où l'on voit encore des traces indubitables d'un surhaussement datant certainement du VIIIᵉ siècle.

bres furent remplacées par un second bas-côté et leurs murs par une colonnade.

L'exemple d'autres édifices contemporains, tels que certaines basiliques civiles, a pu faciliter et peut-être influencer cette transformation.

L'ABSIDE. — Il reste à procéder à l'examen des rapports existant entre l'exèdre de la maison romaine et l'abside de la basilique. Cet examen ne présente guère de difficultés et il suffira de préciser quelques détails.

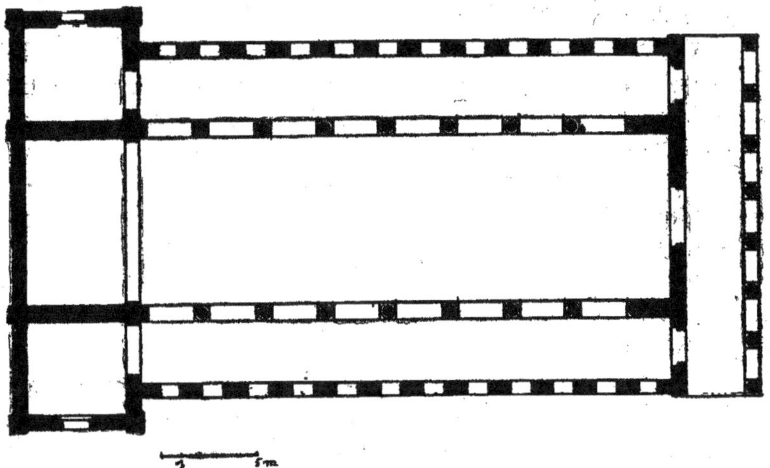

FIG. 77. BASILIQUE DE HASS (PLAN).

Les deux espèces de salles en question ont une destination et une situation identiques : l'une et l'autre formaient la partie la plus importante de leurs édifices respectifs et étaient destinées à recevoir les personnages de dignité. On trouvait dans l'exèdre des bancs et des sièges comme il en fallait dans l'abside. La forme carrée fut conservée à l'exèdre de la maison afin de pouvoir prendre vue sur le jardin qu'elle possède souvent. Comme l'église n'a point de jardin, la forme classique de l'exèdre en demi-cercle y prédomine très tôt. Peut-être aussi l'avantage qu'offre cette disposition au point de vue acoustique n'a-t-il pas été étranger à cette innovation.

Fig. 78.

EXÈDRE PUBLIQUE, A POMPÉI.

125

FIG. 79.   (Photo Brogi.)

MAISON DES AMOURS
DORÉS, A POMPÉI.

126

D'ailleurs, l'abside semi-circulaire n'est pas une règle sans exception; il existe nombre d'églises qui conservèrent, même dans cette partie, des rapports plus étroits avec les maisons et qui sont terminées par une abside rectangulaire. Il en est ainsi de beaucoup de basiliques d'Afrique et d'Orient : en Afrique, Dar-Kita [1], Bettir [2] et au moins une douzaine d'autres citées par Gsell [3]; en Syrie, Hass (fig. 77) (IVe siècle)[4] et Belioh (IVe siècle) [5].

Il en subsiste des traces même en Italie. Dans les ruines de l'ancienne église Saint-Étienne in via Latina, construite par saint Léon le Grand, sous l'abside actuelle, les fondations d'une abside primitive rectangulaire furent découvertes. La crypte rectangulaire de l'église Saint-Prisque ne serait-elle pas non plus l'abside de l'église primitive? En Dalmatie, à Salona, sous une basilique du Ve siècle, on en mit à jour une autre plus ancienne se terminant par une salle rectangulaire qui pourrait dater du IIIe siècle et qui semble être l'œcus d'une maison-église [6].

On peut d'ailleurs démontrer que certaines maisons possédaient, comme les églises, des exèdres semi-circulaires : par exemple, la maison d'Arianne à Pompéi et celle des Chapiteaux colorés. Cette dernière exèdre n'est pas située au fond du péristyle mais sur l'un des grands côtés. Le fait s'explique : par suite d'un agrandissement, cette maison avait deux atriums et aucune autre place n'était disponible pour l'exèdre.

La transition entre le type carré et le type semi-circulaire est fournie par les absides, qui ont le chevet rectangulaire à l'extérieur avec un hémicycle inscrit, lequel, très souvent, est d'une construction indépendante. C'est le cas de Dar-Kita [7] et de plusieurs autres églises d'Algérie [8] (fig. 62). Comme l'abside semi-circulaire est toujours couverte, dans l'antiquité, par une

---

1. BUTTLER, *Architecture and other arts*, p. 202.
2. *Ibid.*, p. 280.
3. GSELL, *op. cit.*, t. II, passim.
4. DE VOGÜÉ, *op. cit.*, pl. 65.
5. *Ibid.*, pl. 137.
6. *Cfr. Bull. di Archeologia e Storia Dalmata*, 1902.
7. BUTTLER, *op. cit.*, p. 177, fig. 51.
8. GSELL, *op. cit.*, t. II, passim.

voûte en cul-de-four, la création de l'arcade triomphale, couronnée d'un fronton triangulaire, est une conséquence nécessaire de son adoption [1] (fig. 78). Quant aux absides portées sur colonnes et entourées d'une galerie, qui semblent avoir existé dans certaines basiliques, il est naturel de chercher leur origine dans les œcus à colonnes dont des exemples subsistent à Pompéi (maison des Néréides et du Labyrinthe (fig. 36).

Dans plusieurs maisons du 1er siècle, l'exèdre est déjà mise en évidence du côté de la cour par une surélévation correspondante du toit du péristyle. Une arcade triomphale s'y forme en petit comme dans la maison des Amours dorés et dans plusieurs autres (fig. 79).

Enfin, n'est-il pas naturel que les parties latérales du sanctuaire : transept, diaconium et prothésis, tirent leur origine de quelques-uns des locaux adjacents à l'œcus des maisons et qui furent toujours utilisés pour les besoins du service? Il ne faut pas perdre de vue que le sanctuaire de la basilique s'étend bien au devant de l'abside et qu'au début la galerie du fond n'était pas occupée par les fidèles, mais réservée au clergé. Si à ce retour étaient adjacents un ou deux triclinia, on put les conserver et en faire des constructions symétriques en hors-d'œuvre, c'est-à-dire des ailes de transept qui, parfois, avaient leurs parties saillantes moins élevées que la nef centrale.

1. OVERBECK, *Pompéi*, t. III, p. 39.

CONCLUSION

Le parallèle que nous avons esquissé peut se poursuivre jusqu'au moindre détail, et l'on en conclura que non seulement la basilique latine, dans sa forme générale, *peut* procéder de l'ensemble de la maison romaine à péristyle, mais que cette filiation s'impose comme évidente, à l'exclusion de toute autre.

Telle est, succinctement exposée, la théorie qui nous apparaît la seule vraie solution de ce problème capital pour l'histoire de l'architecture religieuse en Occident.

Après tout ce qui a été écrit et proposé à ce sujet par les maîtres de l'archéologie chrétienne, il pouvait paraître téméraire de le reprendre à nouveau dans son ensemble... La conviction qu'aucune des théories antérieures ne s'appuie sur autant de documents et de preuves, nous excusera de l'avoir tenté.

TABLE DES MATIÈRES

TABLE DES ILLUSTRATIONS

TABLE DES ILLUSTRATIONS

TABLE ALPHABÉTIQUE

DES ÉDIFICES MENTIONNÉS DANS L'OUVRAGE

A

B

C

TABLE ALPHABÉTIQUE

D

E

F

G

H

I-J

K

L

TABLE ALPHABÉTIQUE

LIBRAIRIE VROMANT & C°

24, RUE DES PAROISSIENS, 24, BRUXELLES

EXTRAIT DU CATALOGUE

Reproductions de manuscrits de la Bibliothèque royale de Belgique.

CRONICQUES ET CONQUESTES DE CHARLEMAINE. Reproduction des 105 miniatures de JEAN LE TAVERNIER D'AUDENARDE (1460). Un volume in-8° (20 × 16 ½) contenant 105 planches en phototypie et texte par J. VAN DEN GHEYN, S. J. Prix : fr. 20.00.

HISTOIRE DE CHARLES MARTEL. Reproduction des 102 miniatures de LOYSET LIÉDET (1470). Un volume in-8° (20 × 16 ½) contenant 105 planches en phototypie et texte par J. VAN DEN GHEYN, S. J. Prix : fr. 20.00.

LES LIVRES D'HEURES ATTRIBUÉS A JACQUES COENE, à la Bibliothèque royale de Belgique. Un volume in-8° (20 × 16 ½) contenant 51 planches en phototypie et texte par J. VAN DEN GHEYN, S. J. Prix : fr. 15.00.

Art et archéologie.

LES TAPISSERIES DES MUSÉES ROYAUX DU CINQUANTENAIRE, à Bruxelles, par J. DESTRÉE et P. VAN DEN VEN. Un volume in-8° (22 × 17) contenant 44 planches et texte. Prix : fr. 5.00.

I

L'ORFÈVRERIE RELIGIEUSE EN BELGIQUE, depuis le
XVIe siècle jusqu'à la Révolution française; poinçons, évolution des formes, par F. et A. CROOŸ. Un volume in-8º (22 × 17) illustré de 40 planches. Prix : *cartonné*, fr. 10.00.

LES CHEFS-D'ŒUVRE DES MAITRES FLAMANDS. Ont paru dans cette collection les volumes suivants : MEMLING; ROGER VAN DER WEYDEN; QUENTIN MASSYS; JORDAENS; les VAN EYCK; BREUGHEL. Chaque maître forme un volume in-32 contenant 30 planches. Prix : fr. 0.75.

L'ART CHRÉTIEN PRIMITIF, par Marcel LAURENT. Deux volumes in-12 carré (20 ½ × 14) illustrés de 166 gravures en planches hors texte, 50 dessins et plans. Prix : *reliés percaline*, fr. 10.00.

LES DENTELLES A L'AIGUILLE, par Ant. CARLIER. Une brochure petit in-4º illustrée de 50 gravures. Prix : fr. 2.75.

LES DUCHESSES ANCIENNES ET MODERNES, par Ant. CARLIER. Une brochure petit in-4º illustrée de 61 gravures et 2 planches. Prix : fr. 2.50.

Architecture.

DOCUMENTS D'ART MONUMENTAL DU MOYEN AGE. Architecture, sculpture, ferronnerie, par Vincent LENERTZ, architecte. Un volume in-4º contenant 50 planches coloriées en phototypie dans un portefeuille. Prix : fr. 35.00.

LES ORIGINES DU STYLE GOTHIQUE EN BRABANT, par Raymond LEMAIRE. Ire PARTIE, *L'Architecture romane.* Un volume in-8º (22 × 17) illustré de 200 gravures d'après photographies, dessins, plan, etc. Prix : fr. 10.00.

LES ORIGINES DE LA BASILIQUE, par Raymond LEMAIRE. Un volume in-8º (22 × 17) illustré de nombreuses photographies, plans, etc.

LES DÉBUTS DE L'ART EN ÉGYPTE, par Jean CAPART. Un volume in-8° raisin de 316 pp. illustré de 192 gravures d'après photographies et d'après dessins. Prix : fr. 12.50.

L'ART ÉGYPTIEN. Choix de documents accompagnés d'indications bibliographiques, par Jean CAPART. Deux volumes in 8° (23 × 17) contenant chacun 100 planches. Chaque volume se vend séparément au prix de fr. 10.00.

CHOIX DE MONUMENTS ÉGYPTIENS, de la Glyptothèque Ny-Carlsberg à Copenhague, par Valdemar SCHMIDT. Un volume in-12 illustré de 173 gravures. Prix : *cartonné*, fr. 7.50.

LES PAPYRUS DÉMOTIQUES des Musés royaux du Cinquantenaire à Bruxelles, par Wilhelm SPIEGELBERG. Un volume in-4° contenant 32 pages de texte (en allemand) illustré et 7 planches en fac-simile. Prix : *cartonné*, fr. 15.00.

RECUEIL DE MONUMENTS ÉGYPTIENS, par Jean CAPART. *Première série*, contenant 50 planches in-folio en phototypie et 100 pages de texte explicatif avec tables. Prix : *en portefeuille*, fr. 40.00. *Deuxième série*, contenant 49 planches en phototypie et une planche en couleurs avec texte descriptif et tables. Prix : *en portefeuille*, fr. 40.00.

UNE RUE DE TOMBEAUX A SAQQARAH. Reproduction et description de trois monuments funéraires datant de l'Ancien Empire égyptien, par Jean CAPART. Deux volumes illustrés de 107 planches. Prix : *reliés*, fr. 75.00.

MUSEUM MUNTERIANUM. Collection de stèles égyptiennes conservées à la Glyptothèque Ny-Carlsberg à Copenhague, par Valdemar SCHMIDT. Un volume in-4° contenant 6 planches et 50 pages de texte. Prix : *cartonné*, fr. 15.00.

CHAMBRE FUNÉRAIRE DE LA VIᵉ DYNASTIE, aux Musées
royaux du Cinquantenaire à Bruxelles, par Jean CAPART. Un
volume in-4° de 26 pages et 5 planches hors texte. Prix : *cartonné*, fr. 12.50.

L'ART ET LA PARURE FÉMININE dans l'ancienne Égypte, par
Jean CAPART. Un volume in-8° de 36 pages illustré de nombreuses gravures. *Épuisé.*

LES PALETTES EN SCHISTE de l'Égypte primitive, par Jean
CAPART. Un brochure in-8° de 26 pages. Prix : fr. 2.50.

Littérature. Romans.

LA CITÉ ARDENTE, par Henry CARTON DE WIART. Roman historique. Édition de luxe, illustrée de 55 aquarelles d'Amédée
Lynen, reproduites en fac-simile, coloriées à la main. Tirage
limité à 500 exemplaires numérotés. Prix : fr. 25.00.

LES GENS DE TIEST, par Georges VIRRÈS. Un volume in-12,
Prix : fr. 3.50.

L'INCONNU TRAGIQUE, par Georges VIRRÈS. Un volume in-12.
illustré de 25 dessins de F. Beauck. Prix : fr. 3.50.

LIÉGEOISE IDYLLE, par M. BODEUX. Un volume in-12. Prix :
fr. 3.50.

LES DOUCES EMPREINTES, par A.-Th. ROUVEZ. Un volume
in-12. Prix : fr. 3.50.

ON JOUERA LA COMÉDIE, par CHANTEMERLE. Un volume
in-12. Prix : fr. 3.50.

LES MARTYRS DE LA GLÈBE, par Victor DE BRABANDÈRE,
Un volume in-12. Prix : fr. 2.50.

LE DIT D'UN PRINTEMPS, par P. GÉRARD. Un volume in-12.
Prix : fr. 3.00.

4

CARILLONNAGES, par L. Humblet, S. J. Un volume in-12.
Prix : fr. 3.50.

IMPRESSIONS DE LITTÉRATURE CONTEMPORAINE, par
Firmin Van den Bosch. Un volume in-12. Prix : fr. 3.50.

Voyages.

QUINZE JOURS EN ÉGYPTE, par Fernand Neuray. Un
volume in-12 illustré de 36 planches hors texte. Couverture
en couleurs. Prix : fr. 3.50.

VERS LE SPHINX en passant par Vienne, Schœnbrun, Budapest,
Belgrade, Bucarest, Constanza, Constantinople, Smyrne,
Athènes, Alexandrie, Le Caire, Les Pyramides, Le Sphinx,
Memphis, Messine, Naples, par Marcel Angenot. Un volume
in-12, Prix : fr. 2.50.

AILLEURS ET CHEZ NOUS, par Georges Virrès. Un volume
in-12. Prix : fr. 2.50.

Religion.

ADORO TE DEVOTE, sive preces, meditationes et exercitia ante
et post missam, par E.-J.-B. Jansen, des Frères prê-
cheurs. Deux volumes in-18 contenant ensemble 884 pages.
Prix : fr. 7.50.

EXAMEN CLERI, par E.-J.-B. Jansen. Un volume in-18 de
326 pages. Prix : fr. 2.50.

CASUS CONSCIENTIAE, par P. V., S. J. Trois volumes in-8º.
Prix : fr. 17.00.

LE CATÉCHISTE ÉDUCATEUR suivi d'un supplément théolo-
gique, par l'abbé Jules Collin. Un volume in-18 de 248 pages.
Prix : fr. 1.50.

VADE MECUM DU CHRÉTIEN, par le Rév. P. Z. GRAVEZ, S. J.
Lettre préface du P. Ch. Clair, S. J. Un volume format de poche
(12 × 7 ½) reliures ouple. Prix : *Percaline* gaufrée, tranche
dorée, fr. 1.00; *cuir anglais*, coins arrondis, tranche rouge sous
or, 1.90; *mouton* poli, gros grain, dentelle or tranche dorée,
fr. 2.85; *chagrin noir*, 1er choix, tranche dorée, fr. 3.60.

GLANES PIEUSES.   Choix de prières à l'usage des dames et des
jeunes filles chrétiennes, par le Rév. P. Z. GRAVEZ, S. J. Même
format, mêmes reliures et mêmes prix que le *Vade Mecum*.

GERBE CHRÉTIENNE.   Choix de prières et dévotions à l'usage
des gens du monde, cueillies dans la liturgie, les orateurs sacrés
et les auteurs ascétiques, par Z. GRAVEZ, S. J. Un vol. in-32
(16 × 7). Prix : *Percaline* gaufrée tranche dorée, fr. 1.40; *cuir
anglais*, coins arrondis, tranche rouge sous or, fr. 2.25; *mouton
poli*, ornements or, tranche dorée, fr. 3.40; *chagrin noir*.
1er choix, tranche dorée, fr. 4.25; *maroquin* du Cap, coins
arrondis, tranche dorée, fr. 6.00.

LE LIVRE DE MA PREMIÈRE COMMUNION. I. Entretiens
sur la première communion, par Mme Léon GAUTIER; II. Prières pour le grand jour; III. Prières pour tous les jours, par le
P. Z. GRAVEZ, S. J. Un volume in-18 illustré de 258 composi-
tions de Louis TITZ et imprimé en trois couleurs. *Broché*
fr. 3.00; *Relié* en maroquin du Cap, tranche rouge sous or,
gardes spéciales, fr. : 12.00.

Divers.

LE JUBILÉ NATIONAL 1905, par A.-Th. ROUVEZ. Un volume
in-4º, illustré de nombreuses gravures et planches. Prix : 25.00.

BARÈME DE NOMBRES, pour l'établissement des comptes-
courants de banques et les calculs d'escompte en général, par
Jean ANTOINE. Tableaux donnant en une seule recherche
et sans le secours de la plume, les produits des multiplications

de toutes les sommes, depuis 1 jusqu'à 60,000 unités, par tous
les nombres de jours de l'année. Un volume grand in-4° de
740 pages. Prix : fr. 30.00.

BARÊME D'INTÉRÊTS. Complément au Barême de nombres,
par Jean ANTOINE. Tableaux donnant, en une seule recherche
et sans le secours de la plume, les intérêts correspondant à
tous les nombres, depuis 1 jusqu'à 100,000, à tous les taux
usités : 1 %, 1 $^1/_4$ %, 1 $^1/_2$ %, 1 $^3/_4$ %, 2 % et ainsi de suite
jusqu'à 10 %. Un volume grand in-4° de 45 pages. Prix : 4.00.

RÉDUCTEUR DE LA LIVRE STERLING ET DE SES DÉRI-
VÉS EN FRANCS, par Jean ANTOINE. Tableaux donnant,
en une seule recherche et sans le secours de la plume, les produits en francs et centimes de toutes les sommes de monnaie
anglaise, depuis 1 shelling jusqu'à 20,000 livres sterling, à tous
les cours probables, soit de 24,97 à 25.40, à l'intervalle de
½ centime. Un volume grand in-4° de 180 pages. Prix : fr. 10.00.

Périodiques.

REVUE CONGOLAISE publiée sous la direction d'Aug. Declercq,
E. De Jonghe, V. Denyn, A. Vermersch. Paraît tous les 3 mois
en fascicules illustrés de 100 à 125 pages. Un an, *Belgique*
8 francs, *Etranger* 10 francs.

ANNALES DE LA SOCIÉTÉ D'ARCHÉOLOGIE DE BRU-
XELLES. Chaque année forme un fort volume in-8° raisin
de 500 pages illustré de nombreuses gravures. Prix : fr. 16.00.

BULLETIN DES MÉTIERS D'ART. Revue mensuelle. L'abon-
nement annuel : Belgique fr. 10.00. Etranger fr. 12.00.

TABLE ALPHABÉTIQUE PAR NOMS D'AUTEURS